*Walter Nitsche*

# Lieben will gelernt sein

*Walter Nitsche*

# Lieben will gelernt sein

edition  philemon

ISBN-Nr. 3-935368-01-1
Bestell-Nr. 648 301

© 2001 edition philemon, Birkenfeld
2. Auflage Juli 2001
3. Auflage November 2001
4. Auflage März 2002
5. Auflage August 2002
6. Auflage März 2004
7. Auflage Januar 2006
Umschlag: dc agentur, merenberg
Herstellung: media aktuell, Birkenfeld
edition philemon ist Teil der friends-media e.K., Birkenfeld

# Inhalt

Meiner lieben Frau Iris zu unserer diesjährigen „Silbernen Hochzeit" (Dezember 2001) gewidmet.


Besonderen Dank an meine Tochter Judith für das Redigieren, meiner Schwester Rita für das Lektorieren des Manuskripts sowie meiner Frau Iris für alle wertvollen Ergänzungen und Korrekturen.

# Vorwort

Dieses Buch wendet sich an alleinstehende oder befreundete Singles sowie an Verheiratete, Verwitwete oder solche, die bereits eine zerbrochene Beziehung hinter sich haben. „Lieben will gelernt sein" deutet nämlich auf ein tiefgehendes Prinzip hin, das sämtliche zwischenmenschlichen Beziehungen unseres Lebens durchzieht.

In Deutschland wird jede dritte Ehe geschieden; in Großstädten wie beispielsweise München sogar jede zweite. Dieser Trend macht auch vor christlich gesinnten Paaren nicht Halt. Sicherlich möchte zu Beginn einer Ehe jeder Partner eine optimale Beziehung gestalten und leben. Warum aber dieses zunehmende Scheitern? Auch bei Beziehungen zwischen Eltern und Kindern oder beim Miteinander in Kirchen und Gemeinden stößt man auf ein Ausmaß von zwischenmenschlicher Problematik, dass man merkt: *irgendwo ist doch der Wurm drin!*

Gleichzeitig spricht man so freizügig über Partnerbeziehungen und über sämtliche Schattierungen von „Liebe" wie nie zuvor. Man spürt förmlich das Sehnen unserer Zeitgenossen nach Erfüllung und nach Liebe.

Tragisch jedoch, wenn ein Mensch beispielsweise sein Verlangen nach Schlaf und Ruhe in einer lauten, überfüllten Disco zu stillen versuchen würde. Sein Sehnen würde nie gestillt werden. Zusehends würde er Mangel leiden. Genau so verhält es sich auch mit unserem Wunsch nach echter Liebesbeziehung. Wir versuchen oft, unser Sehnen in falscher Art und Weise zu stillen.

Zu Beginn einer Ehe heißt es noch „Lämmchen, Häschen, Mäuschen..." – und im Laufe der Jahre werden die „Tiere immer größer"...

Und doch möchten offensichtlich alle Paare, die überhaupt zum Standesamt gehen, eine erfüllte Beziehung erleben. Angesicht der überaus hohen „Versagensquote" müssten wir eigentlich zur Einsicht kommen: Hier läuft grundsätzlich etwas schief! Genauso ist es auch. Wir leben in einer Zeit, in der man den Begriff Liebe derart verzerrt und verstümmelt hat, dass man gar nicht mehr richtig weiß, was Liebe überhaupt bedeutet. Hierin liegt die vereinfachte Antwort auf die zunehmenden kaputten Ehen und unsere heutigen Beziehungsprobleme. Damit eine Liebesbeziehung in beglückender Weise wachsen und gedeihen kann, wird echte Liebe benötigt. Jagen wir jedoch einem Zerrbild dieser Liebe nach, zerstört dies unsere Beziehungen.

Wir wollen daher in diesem Buch die Prinzipien echter Liebe kennenlernen. Am Beispiel der Partnerschaft sollen diese Grundlinien praktisch verdeutlicht werden. Anschließend können wir dann unsere Erkenntnisse auf andere Arten von Beziehungen, die wir pflegen, anwenden.

# Vom Verliebtsein zur Liebe

*„Liebe auf den ersten Blick*
*ist ungefähr so zuverlässig*
*wie eine Diagnose*
*auf den ersten Händedruck"*
*(G.B. Shaw)*

In der Regel beginnt eine Zweierbeziehung mit einer Art Verliebtheit. Irgendein Wesenszug, eine Eigenschaft oder lediglich das anziehend wirkende Äußere eines anderen Menschen wecken in mir eine Reaktion. Besonders dann, wenn gewisse Merkmale mit dem unbewussten Bild, das ich von einem idealen Partner habe, übereinstimmen. Daher erscheint einem der andere auch plötzlich so vertraut.

Ein Fallbeispiel aus den Sechziger Jahren: Sabine schwärmte schon als junges Mädchen von Pierre Brice, dem bekannten Darsteller des Winnetou. Jeden Karl-May-Film hatte sie sich angesehen; jedes Buch gelesen, wobei sie sich auch bei der Lektüre stets den Apachenhäuptling Winnetou bildlich in Pierre-Brice-Gestalt vorstellte. Als Sabine schließlich von einem jungen Mann angesprochen wurde, der mit seinem dunklen Haar, seiner bräunlichen

Haut und seinem introvertierten, etwas stolzen Verhalten dem indianischen Häuptlings-Bild glich, verliebte sie sich auf den ersten Blick. Diese Verliebtheit wurde bald verstärkt, als Sabine von den sportlichen Leistungen ihres jungen „Winnetou" erfuhr. Sie war überzeugt, den Mann fürs Leben gefunden zu haben. Jugendträume wurden wahr.

Auf Anraten der Eltern ließ sich Sabine glücklicherweise auf keine schnelle, enge Verbindung ein. Mit der Zeit entdeckte sie sehr wohl „nicht-indianische" Merkmale bei ihrem „Winnetou": er war völlig unzuverlässig; ein Versprechen, das er gab, war ihm genausoviel wert wie eine leere Bierdose. Er dachte nicht daran, auch nur ein klein wenig von seiner Bequemlichkeit, seinen Interessen und Wünschen für die neue Freundschaft zu opfern. Sabine musste erkennen, dass ihr „Winnetou" nur für seinen Glanz lebte, dass er nur seine eigenen, egoistischen Bedürfnisse gelten ließ – alles andere war ihm ziemlich egal. Die hübsche Sabine diente ihm lediglich als weiteres Schmuckstück, das seinen eigenen Glanz unterstrich.

Zum Glück erkannte Sabine noch früh genug, dass eine Ehe mit jemandem, der sich als „Bauchnabel der Welt" betrachtet, sicherlich danebengehen würde.

## Verliebtheitsgefühle sind noch keine Liebe

*Ein Aspekt von Verliebtheit ist:*
*zusammengehen,*
*obwohl man sich noch nicht gut kennt;*
*ein Aspekt von Liebe ist:*
*zusammenbleiben,*
*obwohl man sich sehr gut kennt.*

Verliebtheit ist niemals ein Garantieschein für eine gute Partnerschaft. Verliebtheit genügt nicht für eine Ehe. Verliebtheit hält auch nicht an (das zu glauben fällt einem verliebten Paar schwer) – sie muss echter Liebe weichen oder sie mündet in frustrierte Gleichgültigkeit!

*„Was mancher Mensch für Liebe hält"*, meinte ein Humorist, *„reicht höchstens dazu, die Menschenrasse fortzupflanzen."* Verliebtheit ist wie die aufsprießende, duftende Kirschblüte im Frühjahr. Die Blüten werden garantiert abfallen! Die Frage ist, ob daraus eine Frucht – Liebe – entsteht, oder nicht. Nicht jede Blüte wird bestäubt, so dass sich eine reife Kirsche bilden kann. Genausowenig führt jede Verliebtheit zu reifer Liebe.

Kein Wunder, dass bereits Johann Wolfgang von Goethe (1749–1832) das Empfinden über seinen „Verlust der Gefühle" wie folgt zum Ausdruck bringt:

*Ach, wer bringt die schönen Tage,*
*Jene Tage der ersten Liebe,*
*Ach, wer bringt nur eine Stunde*
*Jener holden Zeit zurück!*

*Einsam nähr ich meine Wunde*
*Und mit stets erneuter Klage*
*Trau'r ich ums verlorne Glück.*

*Ach wer bringt die schönen Tage,*
*Jene holde Zeit zurück!*

## Die biochemischen Träger von Verliebtheitsgefühlen

Verliebtheit ist nicht „aus dem Stoff, aus dem die Liebe ist". Sie ist mehr „Boogie-Woogie der Hormone". Verliebtheit ist grundsätzlich ichbezogen: „Ich weiß nicht recht, was mir geschieht, ich bin verliebt!" Ein paar Dutzend verschiedene Hormone sind dabei in die Blutbahn ausgeschüttet worden und erzeugen diese aufregende Gemütsverfassung.

Wie der Deutsche Forschungsdienst (Ausgabe März '85) meldete, gehen „Herzflimmern, Glücksrausch und alles, was Liebende sonst noch beim Gedanken an den geliebten Menschen empfinden können, möglicherweise auf das Wirken einer körpereigenen Substanz zurück. Sie heißt Phenyläthylamin, ist ein regelrechtes Aufputschmittel und wird im limbischen System des Gehirns gebildet, das Ausgangspunkt des Gefühlslebens ist."

„Die Chemikalie mit der Summenformel $C_6H_5CH(NH_2)CH_3$ wird in die Blutbahn eingespeist und durch den Körper gepumpt. Nur positive Daten geraten in den Arbeitsspeicher, werden freudig im Langzeitspeicher verstaut und immer wieder herausgeholt, um bewundert zu werden. Der oder die Geliebte kann noch so viele Mängel haben – wir wollen darüber nichts wissen, solange Phenyläthylamine in unserem Blutkreislauf sind. Der Vorgang ist dem flooding (überfluten) aus der Verhaltenspsychologie verwandt..."

Mit Sicherheit enden diese Gefühle wieder. Sie sind kein Dauerzustand. Wie tragisch, wenn jemand die Verliebtheitsgefühle mit Liebe verwechselt. Da steigt er nämlich eines Tages aus der Badewanne und meint, die Liebe sei verschwunden, er könne den Partner nicht mehr lieben, weil eben diese Gemütsverfassung nicht mehr vorhanden sei.

So erklärte auch ein 17jähriger Automechaniker, der seine Freundinnen wie seine Hemden wechselte: „Da fühlte ich plötzlich keine Liebe mehr und machte Schluss...“ Noch tragischer ist es, wenn zwei Menschen nur aufgrund ihrer Verliebtheitsgefühle eine Ehe eingehen – und bereits nach ein paar Monaten das Ende der Gefühle feststellen müssen!

Es gibt tausend Dinge, die Verliebtheitsgefühle auslösen können. Und wenn es sich dabei um den „ersten Blick“ handelt, ist der Grund für die Verliebtheit mit Sicherheit nicht „die Liebe“! „Heiße Blicke“ aus hellblauen Augen können genauso Auslöser sein (für das Phenyläthylamin?) wie langes, pechschwarzes Haar, wie die Tatsache des Begehrtwerdens und Wertgeschätztseins oder auch einfach der zärtliche Körperkontakt (z.B. beim Tanzen). Daher: erst beim richtigen Kennenlernen des andern wird es sich zeigen, ob überhaupt eine Basis für echte Liebe zum Vorschein kommt. Verliebtheit ist grundsätzlich kein Fingerzeig dafür!

Eine starke Zuneigung oder Verliebtheit kann beispielsweise auch durch die hoffnungsvolle Erwartung auf Problemlösungen geweckt werden: Hans fühlt sich sehr einsam, kommt mit sich selbst nicht zurecht und weiß nicht, was er mit sich anfangen soll. Er bemitleidet sich und verlangt nach Selbstbestätigung. Sein ganzes Verlangen, seine ganze Sehnsucht gilt einem Menschen, bei dem er sich aussprechen kann. Da trifft er auf Gabriele, die – man höre und staune – dieselben Probleme hat wie er. Also, was hindert's... ?!

Nun stellen Sie sich aber vor, es hätte jemand Probleme,
beim Singen den Ton richtig zu treffen. Stets singt er einen
Vierteltion tiefer oder höher, was sich ja – wie viele sicher
aus Erfahrung wissen – grauenhaft anhört. Da trifft er jemanden mit demselben Problem. Also, was hindert's...?
Sie tun sich zusammen und singen im Duett. Ich persönlich möchte mich diesem „Ohrenschmaus" nicht gerne aus-
setzen – genausowenig wie ich das Kind von Hans und
Gabriele sein möchte!

Bei manchem jungen Menschen wird Zuneigung geweckt,
weil er die Möglichkeit sieht, endlich vom Elternhaus
wegzukommen; weil er Steuern sparen und sie nicht mehr
ihrer Berufsarbeit nachgehen möchte; weil er eine Haushälterin und sie jemanden braucht, den sie bemuttern kann;
weil er Angst vor dem späteren Alleinsein hat und sie
sich davor fürchtet, sitzenzubleiben.

Die persönlichen Erwartungen an den Partner mögen ganz
verschieden sein, jedenfalls reichen sie nicht für eine gute
Ehe aus – auch wenn er sie teilweise erfüllen kann; denn
Erwartungen haben nichts mit Liebe zu tun. Und ohne
Liebe funktioniert eine Ehe bekanntlich nicht.

Liebe ist auch nicht heißes Blut, singendes Gefühl oder
unsterbliches Verlangen. Überhaupt kann man dort nicht
von Liebe sprechen, wo die Motive infolge persönlicher
Vereinsamung oder dem Wunsch nach einem warmen
Nest geprägt sind. Da wird vor allem ein verhätscheltes
Ego geliebt und versucht, sich ganz persönliche Wünsche zu erfüllen. Hier ist wohl der Wille zu einer Schlaf-
und Speisegesellschaft vorhanden, aber nicht der Wille
zur Liebes-Ehe. Für eine solche Bedarfs-Liebe bringt die
Ehe dann tatsächlich den Tod. Alle Verliebtheit und Zuneigung endet da einmal (spätestens beim ersten Kind

und seinen nächtlichen oder frühmorgendlichen Gesangs-Anstrengungen und Schrei-Arien).

## Scharfsinnige Diagnosen – aber die Lösung?

Zahlreiche Psychologen, Soziologen, aber auch Humoristen legen ihren Finger auf die Wunden der heutigen Beziehungsgeflechte und beobachten mit Recht, dass etwas mit den gegebenen Vorstellungen und Entwicklungen nicht stimmen kann: „Wen die Liebe so überfällt wie von einem andern Stern, den wird sie ebenso geheimnisvoll auch wieder verlassen."

„*Zuerst* träumt er mit ihr, wo er später überall mit ihr hinfahren wird; *später* rechnet er ihr vor, dass man in diesem Jahr leider zu Hause bleiben muss. *Zuerst* ist er besorgt, dass *ihr* etwas passiert, *später* ist er besorgt, dass dem Wagen etwas passiert..."

Oder wie sich ein Psychotherapeut ausdrückte: „Oft stellt man eine Verliebtheit in die eigenen Verliebtheitsgefühle fest. Ich liebe mich durch einen andern. Das beobachten wir auch bei einem heranwachsenden Baby. Es ist in die eigenen Empfindungen verliebt. Folglich muss man die moderne Liebe oft als romantischen Infantilismus bezeichnen."

In meinem Herzen: brennendes Verlangen,
lodernde Sehnsuchts-Flammen,
die nicht mehr schliefen;
seine starken Arme sollten mich umfangen,
seine blauen Augen
sich still in meinen vertiefen.

Eine Zeit des Hochgefühls, voller Glück.
Er gab mir mein Wertgefühl zurück.

Doch nun, nach vielen Alltags-Jahren,
mit tiefem Blick in sein Sein,
mit Mut, mir selbst zu offenbaren:
Liebe konnte das doch niemals sein!

Denn Liebe meint den andern, sie meint dich,
sie will erbauen, achten, fördern
und dreht sich nicht allein ums Ich.

Ach, mag echte Liebe mich ereilen
und nicht nur Emotions-Gewinn;
doch muss ich dann nicht selbst verweilen,
zuerst bei meiner Haltung, meinem Sinn...?!

*Elisabeth Adam*

# Was ist Liebe?

*„Lasst uns einander lieben,*
*denn die Liebe ist aus Gott...*
*denn Gott ist Liebe"*
*(1. Johannesbrief 4, 7+8)*

Es ist faszinierend zu entdecken, wie die hilfreichen Prinzipien zwischenmenschlicher Beziehungen bereits vom Inspiranten der Bibel festgelegt und uns in der Heiligen Schrift geoffenbart wurden. Dazu will ich ganz bewusst auf die göttlichen Aspekte hinweisen, denn wer kennt die Belange des Menschen besser als sein Schöpfer!

Liebe ist so vielschichtig, so multidimensional, dass man sie mit Worten nicht definieren kann. Selbst der Apostel Paulus konnte uns lediglich mitteilen, wie sich Liebe ausdrückt, welche Eigenschaften sie besitzt, nicht aber, *was* sie ist. Und das ist auch verständlich, denn *Gott ist Liebe.* Genau so wenig, wie wir Gott erklären können, können wir die Liebe erklären. So will ich nun auch versuchen aufzuzeigen, wie sich Liebe ausdrückt.

# Liebe meint grundsätzlich den andern

*„...einer achte den andern höher als sich selbst, indem jeder nicht nur das Seine ins Auge fasst, sondern auch das des andern."*
*(Philipperbrief 2, 3+4)*

*„Die Liebe ist langmütig und gütig, die Liebe beneidet nicht, sie prahlt nicht, sie bläht sich nicht auf; sie ist nicht unanständig, sie sucht nicht das Ihre..."*
*(1. Korintherbrief 13, 4+5)*

**Meine Definition, was „lieben" praktisch bedeutet, lautet daher:**

**Lieben heißt,
die wahren Bedürfnisse des andern
zu erforschen und
zu stillen suchen!**

Betrachten wir einen etwas banalen Vergleich: „Ich mag sie, die Blume", sage ich, genieße ihren Duft und freue mich über die strahlende Blüte. Dann reiße ich sie ab, nehme sie mit nach Hause, stelle sie in eine Blumenvase, um mich weiter an ihr zu erfreuen. Das war jedoch keine Liebe; denn nach ein paar Tagen muss ich eine verwelkte Blume in den Abfalleimer werfen.

Liebe meint grundsätzlich den andern. Liebe ist allertiefste Ehrfurcht vor dem andern. Liebe fragt nicht „was bringt mir das?", sondern „was kann ich für dich sein?"

Wenn ein junger Mann nach einem Tanzabend zu seiner Partnerin sagt: „Ich mag dich, komm mit mir ins Bett, wir wollen uns lieben", dann meint er damit keine Liebe, sondern sich selbst, seine Befriedigung, Drüsenfunktion, ichbezogene Sättigung – und setzt dabei seine „Blume" großen Gefahren und negativen Folgen aus.

Liebe ist höchste Wertschätzung des andern und besitzt ein feines Gespür für dessen Nöte und Bedürfnisse. Solche *echte Liebe* überfällt uns nicht plötzlich aus heiterem Himmel, sondern muss erlernt, gewollt, geübt, erarbeitet werden. Sie ist eine lebenslange Verpflichtung und unabhängig von unserer Gemütslage, völlig unabhängig davon, ob ich im Augenblick Zuneigung empfinde, Verliebtheitsgefühle feststelle oder „Lust" zum Lieben habe.

## Liebe beinhaltet Opferbereitschaft

*Manche Ehen scheitern daran,*
*dass einer Ehemann wurde,*
*ehe er Mann wurde."*
*(Robert Lembke)*

Da Liebe auch Opferbereitschaft beinhaltet, muss Liebe reifen und oft sogar „erlitten" werden. Wo der Wille zum Opfer fehlt, ist auch die Grundlage für eine Liebesbeziehung nicht vorhanden.

Diese Opferbereitschaft sollte daher schon vor der Eheschließung sichtbar werden. Um der Liebesbeziehung willen wird auf Erlaubtes verzichtet, Gefährliches vermieden, Gewohntes losgelassen. Man legt sich selbst Beschränkungen auf, um den andern beschenken zu können. Man schreibt einen Brief, statt passiv fernzusehen; man verzichtet auf bisherige Gewohnheiten und Freuden, um den andern bereichern zu können.

„Es ist schön, für andere zu leben", meinte Grillparzer und gab uns damit eine Richtschnur für echte Liebe: sie wetteifert darin, sich dem andern zu verschenken! Diese Bereitschaft bleibt auch in der Ehe nicht bei dem erreichten Zustand stehen, sondern entfaltet einen konstruktiven Wettstreit: was kann ich tun, damit unsere Ehe noch besser wird? Und da wird klar, dass ich mehr tun muss als mein Partner, dass ich den andern – menschlich geredet – übertreffen will an Selbstlosigkeit, an kleinen Aufmerksamkeiten, an Güte und Verständnis.

Hier liegt meist der Grund für gescheiterte Liebesbeziehungen: Man hatte Erwartungen, die nicht erfüllt wurden; man hatte Hoffnungen auf dies und jenes – und das Grundsätzliche, der Wille zur Opferbereitschaft, fehlte. Daher fehlt auch echte Liebe. Und wie bereits erwähnt: ohne Liebe keine gute Ehe! Da hat man also nicht den Falschen geheiratet, sondern keine Liebesfähigkeit mit in die Beziehung gebracht! Die Ehe scheitert nicht daran, dass man nicht zusammenpasst, sondern dass man nicht willig ist, das Beste für den andern zu wollen und zu tun. Wenn jeder Partner nur sich selbst meint, läuft sich jede Zweierbeziehung tot.

Ein Humorist meinte: „Wenn du eine süße Frau hast, musst du bitte auch daran arbeiten, dass sie nicht sauer wird..."

Edith, 27 J., aus Hannover, las in der Zeitung folgende Anzeige: „Selbstinserent: Ich, 30 J., 179 cm groß, schlank, bisher wegen eigenem, gutgehenden Geschäft sehr in Anspruch genommen, wünsche mir nun eine treue Lebensgefährtin. Meine Hobbys: Tennis, Reiten, Lesen. Bitte schreibe mir unter ..."

Das klang vielversprechend, und so schrieb Edith einen Brief und legte ein Foto bei. Man traf sich in einem noblen Restaurant. Erkennungszeichen: Duden (den sich Edith erst anschaffen musste) unterm Arm. Man überwand das erste peinliche gegenseitige Taxieren, sprach über Interessen und Hobbys, über Kindererziehung und Elternhaus und war schließlich davon überzeugt, einen netten, interessanten Menschen kennengelernt zu haben, mit dem man den Ehehafen ansteuern könne. Schon drei Monate später fand die Hochzeit von Edith und Werner statt. Tränen der Mütter, ein schmachtendes Minnelied der Schwägerin, viel Kuchen, Torte, Sekt und Eiscreme; dann die erste Enttäuschung, weil die Hochzeitsnacht nicht so verlief, wie in Dutzenden von Romanen vorher gelesen; dann kam die Hochzeitsreise nach Griechenland – und damit die ersten Streitigkeiten wegen dem Zeitpunkt des Lichtlöschens und dem Fernsehprogramm. Wesentlich nachdenklicher trat das Paar die Rückreise an, doch der Reiz des Neuen hielt noch an.

Nach vier Monaten verbrachte Edith wieder einmal einen einsamen Sonntagnachmittag. Werner befand sich mit seinen Freunden auf einem Ausritt. Er brauche dies regelmäßig als Ausgleich für den geschäftlichen Stress, sagte er. Sie selbst konnte nicht reiten, hatte auch kein besonderes Interesse daran (und etwas Angst vor den großen Pferden). Ihr die Angst zu nehmen, ihr das Reiten beizubringen, dazu hatte Werner weder Zeit noch Geduld. Also verbrachte sie fast jeden Sonntagnachmittag allein. Am Montagabend, nach der Arbeit, las Werner den „Spiegel". Er informierte sich gerne über das Zeitgeschehen, daher hatte er zusätzlich noch „Focus" und „Die Welt" abonniert – er war ja so interessiert! Dienstagabend war Tennisabend, an dem Edith ebenfalls kein Interesse hatte – wegen der unmöglichen Leute dort. Donnerstagabend kam entweder der Schachclub zusammen oder Werner musste sich mit Kunden treffen. Freitagabend hatte man „Gemeinschaft" vor dem Fernseher, den Werner Nüsse knabbernd von seinem Sessel aus per Fernbedienung steuerte. Und am Samstag musste sich Werner natürlich auch ums Geschäft kümmern... Nach zehn Ehe-Monaten, die von immer heftiger werdenden Auseinandersetzungen gezeichnet waren, entschloss man sich zur Scheidung.

Wo der Wille zum Opfer fehlt, fehlt der Wille zu einer guten Ehe! Wer nicht auf persönliche Bedürfnisse verzichten will, sollte auf die Ehe verzichten! Wer also wissen möchte, ob er für eine Liebes-Ehe geeignet ist, soll sich fragen, ob er lernen möchte, das Beste des anderen zu suchen, sich ihm zu verschenken.

Ein liebender Mensch will nicht in erster Linie glücklich werden, sondern glücklich machen. Eine Ehe braucht Liebe, um funktionieren zu können. Das Unvermögen zu lieben und der Mangel an Opferwilligkeit sind die häufigsten Ursachen von Ehekrisen. Doch hier liegt auch die große Chance für jede Ehe; denn Liebe kann man lernen! Liebe ist mehr eine Willenssache als eine Gefühlssache.

Wir müssen unbedingt erkennen und akzeptieren, dass die meisten Märchen und Liebesromane nicht stimmen. Die Liebeswirklichkeit sieht völlig anders aus. „Sie heirateten und waren glücklich bis an ihr Ende. Und wenn sie nicht gestorben sind, dann leben sie noch heute." „Liebeswirklichkeit" ist kein „und sie leben glücklich bis an ihr Ende..." Da wirft nämlich der Prinz dem Aschenbrödel plötzlich ihre soziale Herkunft vor, und sie schreit zurück, so einen wie ihn hätte sie an jedem Finger zwei haben können. Dornröschen muss sich das Gejammer über die Kratzer vom Rosengestrüpp anhören, und Schneewittchen leidet an Depressionen, weil ihr Mann ihre böse Stiefmutter um die Ecke gebracht hat.

Es ist äußerst wichtig, die Liebesgefühle eines Roman-Rendez-Vous in eine Liebe der nüchternen Wirklichkeit zu verwandeln.

# Liebe und Gefühl

*Gott hat Gefühle geschaffen,*
*damit sie Diener sind*
*– nicht Diktatoren!*

Ehemann Hans erklärte mir, dass er seiner Frau gegenüber absolut nichts mehr empfinde; „doch", meinte er nach einer Weile, „ich empfinde starke Abneigung!" Er war seit zwölf Jahren verheiratet. Auch Renate, seine Frau, teilte mir mit, dass sie ihren Mann nicht mehr liebe. „Woher wissen Sie, dass Sie ihn nicht mehr lieben?" fragte ich. „Weil ich nichts mehr für ihn empfinde, und das schon seit Jahren."

Eine ausweglose Situation? Nein, ganz und gar nicht. Allerdings mussten Hans und Renate gründlich umdenken. Sie nahmen ihre Gefühle zum Maßstab für ihre Liebe. Wir stellten bereits fest, dass Gefühle abflauen können. Die beiden meinten, dass mit dem Rückgang der Gefühle automatisch auch ihre Liebe aufhören würde. Als sie wieder zu lieben lernten, stellten sich nach einiger Zeit dem andern gegenüber auch die ersten positiven Gefühle wieder ein. Wie ist das möglich?

Es ist eine der größten Lügen unserer Gesellschaft, wenn man behauptet, die Gefühle würden über die Realität Auskunft geben. Wer dies glaubt, wird in seinen zwischenmenschlichen Beziehungen unweigerlich in einer Sackgasse landen.

Nochmals: Liebe ist nicht Gefühl, sondern eine innerliche Haltung, die sich in Handlungen ausdrückt, und zwar indem man die wahren Bedürfnisse des andern (nicht seine Launen) zu erforschen und zu stillen sucht. Zu dieser Haltung (mit ihren Handlungen) komme ich u.a. aufgrund willentlicher Entscheidungen, nicht aufgrund drängender Empfindungen. Gefühle folgen dann auf die Handlungen!

Gefühle sollen Helfer und Diener sein, nicht aber Diktatoren über unsere Handlungen. Wer sich nur von Gefühlen leiten lässt, wird von ihnen immer mehr abhängig und sogar versklavt werden. Dieses Verhältnis zwischen praktischem Lieben und Liebes-Gefühlen möchte ich an einem Beispiel etwas verdeutlichen, wobei ich mir bewusst bin, dass jeder Vergleich hinkt.

## Gefühls-Folgen

Vergleichen wir „lieben" einmal mit dem Autofahren. Zum Autofahren gehört zuerst eine willentliche Entscheidung: Ich setze mich hinters Steuerrad, drehe den Zündschlüssel, lege den Gang ein und fahre los. Zum Fahren gehören nun auch willentliche Handlungen: steuern, gasgeben, bremsen... Ich fahre also Auto, indem ich die dazu nötigen Handlungen willentlich ausführe. Für manchen ist das Autofahren aber erst dann interessant, wenn er beim Fahren in den Rückspiegel schauen und sehen kann, wie sich hinter ihm eine gewaltige Staubwolke bildet. Je mehr

Gas er gibt, desto höher wirbelt der Staub auf. – „Herrlich", denkt er, „jetzt fahre ich erst richtig!"

Vergleichen wir die Staubwolke (evtl. Phenyläthylamin) mit dem Liebes-Gefühl. Die Haltung und Handlung „lieben" (autofahren) gebiert also entsprechende Gefühle (Staubwolke). Das ist erfreulich.

Doch nun kommt das Entscheidende: Unser Autofahrer gerät bei seiner rasanten, staubaufwirbelnden Fahrt in einen Wolkenbruch. Es gießt in Strömen, und siehe da: der Staub ist plötzlich weg! In solche „Wolkenbrüche" kommt jedes Ehepaar. Da fehlen plötzlich diese „Liebes-Gefühle", dieses zueinander hingezogen sein, verliebt sein, Sehnsucht haben oder sich aneinander erfreuen.

Nun meinen manche Eheleute, sie würden sich nicht mehr lieben, wenn's nicht mehr „staubt". Doch genau so, wie unser Autofahrer über die nasse Straße ohne Staubwolke weiterfährt, ja weiterfahren muss, genauso ist es möglich, weiter zu lieben – auch ohne Gefühl!

Der größte Fehler, den unser Autofahrer begehen könnte, wäre anzuhalten, auszusteigen und nach der Staubwolke Ausschau zu halten. Er mag Glück haben, die Straße kann trocknen, und die Staubwolke kann ihn wieder begleiten. Steht unser Autofahrer aber auf einem Stück geteerter Straße, so kann er dort warten, „bis die Kühe heimkommen" (wie man in der Schweiz sagt) – er wartet vergeblich, (denn die Kühe kommen nie von selbst heim) und er fährt (liebt) tatsächlich auch nicht mehr.

Diesen Fehler begehen viele Ehepaare. Das Gefühl ist weg, folglich hören sie auf zu lieben mit der Begründung: „Ich kann doch nicht das oder jenes tun, ohne dabei et-

was zu empfinden..." und warten auf die „Staubwolke"
(Liebes-Gefühl).

In der Regel ist es aber so: Je länger man wartet, desto
schwerer fällt es, auf dem geteerten Straßenabschnitt wei-
terzufahren. Es bereitet Mühe, den Wagen wieder zu starten. Daher stehen manche Eheleute seit Jahren auf diesem staublosen Wegstück und kommen nicht mehr vor-
wärts.

Die Lösung heißt u.a.: weiterfahren – weiterlieben! Es
kommt dann schon wieder ein Wegstück, auf dem es
„staubt". Indem ich meinen Partner bewusst weiterliebe,
ihm Gutes tue, das Beste für ihn im Auge habe, entstehen
auch immer wieder Liebes-Gefühle. Jeder Mensch braucht
Liebe und reagiert auch auf Liebe, die ihm entgegenge-
bracht wird.

Unser Autofahrer mag nach einem anderen Ausweg suchen. Vielleicht sieht er plötzlich einen fremden Weg, eine
fremde Straße, auf der er tatsächlich Staub entdeckt. Er
bricht aus seinem Weg aus und fährt auf der fremden Straße weiter, auf der es dann auch tatsächlich wieder staubt.

So versuchen manche Ehepartner, aus ihrer Ehe auszubrechen, um bei einer anderen Person wieder „Gefühl"
zu erleben. Selbstverständlich sind hier anfänglich wieder solche Verliebtheitsgefühle da, aber auch in der neu-
en Beziehung wird es immer wieder „Wolkenbrüche" geben mit dem Resultat, dass auch hier die Gefühle versie-
gen. Aus der Ehe auszubrechen und „fremd zu gehen" ist
in jeder Hinsicht keine Lösung.

Unser Autofahrer kommt nur  dann ans Ziel,  wenn er
lernt, auch ohne  Staubwolke auf seiner Straße weiterzu-

fahren. (Bewusst versuche ich in diesen Vergleich nicht auch noch andere Aspekte von „Liebestötern", die ebenfalls vorhanden sein können, mit einzubeziehen.)

## Lieben – auch ohne Gefühl?

Jede partnerschaftliche Liebesbeziehung kann nur dann dynamisch und beständig bleiben, wenn die Ehepartner lernen, auch streckenweise ohne Gefühl zu lieben. Sie müssen bereit sein, stets neu das Beste für den andern zu suchen – und dies auch dann, wenn sie gerade keine Lust dazu haben.

Nach einem Eheseminar, das ich in der Toskana hielt, kam eine Frau auf meine italienische Übersetzerin zu und erklärte ihr: „Ich habe Angst, dass ich dann heuchle". Zweifelnd sah sie mich an: „Kann ich tatsächlich sagen: ich liebe dich, ohne das entsprechende Gefühl? Ich möchte meinen Mann nicht anlügen! Ich möchte das Beste für ihn, aber meine Gefühle sind oft bitter oder liegen einfach flach..."

Ich hatte volles Verständnis für diese Bedenken. Da jedoch Liebe nicht mit Liebesgefühl gleichzusetzen ist, kann man mit Fug und Recht behaupten „ich liebe dich!", auch wenn die entsprechenden Gefühle gerade fehlen. Allerdings muss man auch wirklich lieben, d.h. sich für diese Haltung und Handlungen willentlich entscheiden. Wenn ich das Beste für meinen Partner möchte – nämlich die „wahren Bedürfnisse des andern erforschen und zu stillen suchen" –, dann kann ich tatsächlich behaupten, dass ich ihn liebe, obwohl im Augenblick die „Staubwolke", also das entsprechende Gefühl, fehlt.

Ich kann zu meiner Frau auch sagen: „Ich bin dir treu!" Warum kann ich das behaupten? Weil ich mich erstens willentlich dafür entschieden (also eine entsprechende Haltung eingenommen) habe, und zweitens, weil ich in meinem Verhalten tatsächlich treu bin. Ob ich jetzt diese Treue augenblicklich auch so empfinde oder nicht, hat auf die Wirklichkeit des tatsächlichen Treuseins keinen Einfluss. Umgekehrt kann ich mich als „treu empfinden" und mein praktisches Handeln überschreitet beispielsweise die Grenzen wirklicher Treue. Auch hier würden mir meine Gefühle unrealistische Gegebenheiten signalisieren.

So kann ich aufgrund meiner willentlichen Haltung und der entsprechenden Handlungen, indem ich die wahren Bedürfnisse des andern erforsche und sie zu befriedigen suche, auch sagen: „Ich liebe dich!". Meine augenblicklichen Gefühle haben aber auf diese praktizierte Wirklichkeit keinen Einfluss.

Genau bei diesem Punkt setzt auch die christliche Ehetherapie an. Sie lehrt die Eheleute zuerst zu lieben, auch ohne Gefühl. Die Eheleute sind selbst meist sichtlich erstaunt darüber, dass sich nach langer „trockener" Zeit wieder wohltuende Empfindungen einstellen, dass es wieder „staubt".

# Grundsatzfrage: Liebesbereitschaft

*Was wird aus deiner Liebe?*
*Ein Lied?*
*Ein Brot?*
*Glühendes Eisen?*
*Ein Falke in klaren Lüften?*
*Ein heimkehrendes Schiff?*
*Oder – aus schwindelnden Höhen rasch abgestürzt –*
*ein Stein, der das Herz zerschlägt?*
*Von uns selbst hängt es ab, was aus unserer Liebe wird!*

So drückt es die christliche, ukrainische Dichterin Lyudmyla Vityuk in einem ihrer Gedichte aus.

Schon jetzt dürfte uns nämlich klar sein: Ob eine Ehe gut und erfüllt wird, hängt von der Liebesbereitschaft jedes einzelnen ab.

## Glücklich werden oder glücklich machen?

Wer heiraten möchte, um geliebt und – vor allem – glücklich zu werden, wird die Enttäuschung seines Lebens erfahren! Wer aber von vornherein weiß, dass es darum geht, lieben zu lernen und glücklich zu machen, der wird auch in Spannungen und Konflikten Positives für seine Ehe sehen. Er wird tapfer sein und sich nicht in Launenhaftigkeit, Rücksichtslosigkeit oder Unbeherrschtheit abgleiten lassen.

Wie wichtig es ist, lieben zu lernen, sieht man schon daran, dass „die meisten Störungen in der Zweierbeziehung etwas zu tun haben mit dem Stehenbleiben auf der Stufe der Bedürfnisbefriedigung. Die eigenen Bedürfnisse sind entscheidend. Sie können nur sehr schwer aufgeschoben oder gar geopfert werden. Der andere ist nur ein Mittel zum Zwecke der Erfüllung der eigenen Bedürfnisse. Das kann in auffälliger Form ablaufen, etwa so, dass orgastische Erlebnisse gesucht werden, gleich mit welchem Partner, oder dann in sublimierter, schwer erkennbarer Form, etwa so, dass die Entfaltung der eigenen Persönlichkeit so sehr im Vordergrund steht, dass der Partner diesem Ziel völlig untergeordnet wird" (*Keintzel*).

## Die wahren Bedürfnisse erforschen

Unsere wahren Bedürfnisse sind uns oft selbst nicht deutlich bewusst. Daher ist es naheliegend, sich Informationen bei unserem Schöpfer zu holen, der uns letztlich geplant und erdacht hat. In Gottes Wort, der Heiligen Schrift, finden wir auch hierzu wiederum erstaunlich treffende und tiefgehende Prinzipien, die sich in der Praxis des Alltags bewähren.

Wie schon angedeutet, geht es bei unseren Bedürfnissen nicht um irgendwelche Launen oder oberflächliches Verlangen. Letztlich wirkt nur das Stillen von *wahren* Bedürfnissen hilfreich und förderlich in einer Beziehung. Das Befriedigen von fehlgeleiteten Wünschen, egoistischen Ansprüchen oder pervertierten Sehnsüchten wirkt sich dagegen zerstörerisch aus.

Wir möchten nun beispielhaft solche wahren Bedürfnisse betrachten, um daraus Möglichkeiten für unsere individuelle Situation erkennen zu können.

es kann nicht ungeschehen gemacht werden
- aber vergeben;

es kann nicht vergessen werden
- aber vergeben;

es kann nicht bezahlt werden
- aber vergeben;

es kann nicht positiv betrachtet werden
- aber vergeben;

es kann nicht aus den Träumen verjagt werden
- aber vergeben;

es kann nicht schmerzlos werden
- aber vergeben

es kann nicht wieder gut gemacht werden
- aber vergeben;

Vergebung tastet nicht mehr an.
Bewusst. Willentlich.
Vergebung ist der „Strich darunter".
Bewusst. Willentlich.
Vergebung verzichtet aufs Recht der
Vergeltung.
Bewusst. Willentlich.
Vergebung muss ganzheitlich sein. Gezielt. Voll-
kommen.
Bewusst. Willentlich.

*Josef Ebstein*

# Der Ergänzungsgedanke

*Liebende schmunzeln miteinander*
*über die gegenseitigen Unzulänglichkeiten.*

*„Es ist nicht gut, dass der Mensch allein sei",* sagte Gott und schuf dem Adam die Eva. Dieser Gedanke ist für jede Ehe wichtig: Gott gibt mir einen Ehepartner, damit ich ergänzt werde, nicht damit meine Ichsucht befriedigt wird! Der Wunsch nach Ergänzung gehört zu den wahren Bedürfnissen eines jeden Menschen.

Der Mensch wurde zu einem bestimmten Zweck geschaffen – zuerst im Hinblick auf Gott. Gott schuf den Menschen, um Gemeinschaft mit Gott zu pflegen. Er legte den Menschen auf sich hin an. Er und der Mensch sollten ein Ganzes bilden. Der von Gott unabhängige, gottlose Mensch bleibt daher existentiell unvollkommen. Es verbleibt, wie der bekannte Physiker Blaise Pascal sagte, ein inneres Vakuum. Dieses Vakuum, diese Leere, will Gott ausfüllen. Lehnt der Mensch dies ab, muss er sein Vakuum mit vielerlei Dingen ausfüllen. Er stürzt sich in Aktivitäten, sucht Ablenkung in Hobbys, klammert sich an materielle Werte oder sucht stets von Neuem Erfüllung in

Abenteuern oder auch im Beruf – um am Ende feststellen zu müssen, dass die Leere geblieben ist und alles einem Haschen nach Wind gleichkommt.

Gott hat den Menschen auch zur Gemeinschaft mit anderen Menschen geschaffen. Kinder, die man vor Zeiten versuchte, „steril" und ohne menschliche Gemeinschaft und Zuwendung aufzuziehen, starben. So ist die Ehe auch ein besonderes Bild dafür, dass wir in uns selbst nicht vollkommen, sondern zur Gemeinschaft hin geschaffen sind. Ledige Christen können daher ein ebenso erfülltes Leben erfahren, wenn sie lernen, in Gemeinschaft mit Gott und anderen Gleichgesinnten zu leben.

Im Ehealltag zu lieben bedeutet, diesen Gedanken in die Praxis umzusetzen versuchen: ergänzen Sie Ihren Partner, statt seine Schwächen dauernd zu bemängeln! Pflegen Sie nicht zuerst einen *Gedankenaustausch,* um dann im Verlauf Ihrer Beziehung nur noch einander *die Meinung* zu sagen. „Ergänzung" zu pflanzen ist nicht genug – man muss sie auch begießen...

Da es mir verhasst ist, irgendwo zu spät zu erscheinen, lege ich großen Wert auf Pünktlichkeit. Besonders am Sonntagmorgen. Da stehe ich dann pünktlich abmarschbereit an der Wohnungstür – und warte! Dem Jüngsten fehlt noch ein Schuh, der ihm irgendwo von den Füßen gefallen und nun nicht zu finden ist, und meine Frau ist noch im Bad beschäftigt. Meine Stimmung sinkt auf den Nullpunkt. „Könntet ihr nicht einmal pünktlich fertig sein!" hallt es durch die Wohnung im Brustton der Überzeugung, dass diese Ermahnung für meine Familie bitter notwendig ist. Man(n) eilt zum Auto, lässt demonstrativ beim Anfahren die Reifen durchdrehen, rast – wegen der Unpünktlichkeit des Familienanhangs – notwendigerweise um die Kurven, damit es den Mitfahrern auch körperlich recht deutlich wird, dass sie künftig pünktlicher sein müssen...

Da kommt mir plötzlich der Gedanke, dass ich anscheinend durch solche Vorkommnisse Geduld lernen muss. Genau das fehlt mir, genau deshalb sind meine Lieben so unpünktlich: damit ich Geduld lerne. Also gut, ich verzeihe meiner Frau und nehme mir vor, mich in Geduld zu üben...

Doch recht froh kann ich über diesen Gedanken nicht werden. Wie kann ich, so sinniere ich weiter, meiner Frau helfen, ihre Unpünktlichkeit zu überwinden? Zu gegebener Zeit wird das Thema angeschnitten: „Liebling, was kann ich tun, damit du lernst, rechtzeitig mit allem fertigzuwerden?" „Nun, erstens könntest du am Sonntagmorgen den Frühstückstisch decken", lautet die schlagfertige Antwort meiner Eheliebsten. Ich erschauere, da normalerweise auf „erstens" noch ein „zweitens" oder gar „drittens" folgt. Mein Scharfsinn ist unübertrefflich: „Zweitens könntest du, während ich der Kleinen beim Anziehen helfe, den Kaffee zubereiten, drittens beim Telefonklingeln selbst hingehen, statt mich zu schicken; auch wäre es eine Hilfe, wenn du deine Socken selbst holen würdest, statt zu rufen: Ich habe keine Socken, und..."

Die Selbsterkenntnis wuchs! Das Problem lag also nicht an der Unpünktlichkeit meiner Frau, sondern bei mir selbst! Ich hatte nicht bemerkt, dass meine Frau am Sonntagmorgen völlig überlastet ist. Ich hatte sie praktisch nicht ergänzt, weil ich ihr bei der Bewältigung der vielen Aufgaben nicht half.

Jeder Partner bringt zahlreiche Fehler und Schwächen mit in die Ehe. Der eine ist vergesslich, der andere kontaktscheu, der eine handelt unbesonnen oder legt zu großen Wert auf Etikette, der andere kapselt sich gerne ab. Da besteht die Gefahr der (mündlichen) Schießereien: „Du musst endlich..." „niemals sieht man bei dir..." „kannst du denn nicht einmal..." „du hast schon wieder..." „immer machst du..." Stop! Die Schwächen und Fehler gehören zu Ihrem Ehepartner! Zuerst haben Sie den Auftrag, Ihren Ehegefährten durch Ihr Handeln zu ergänzen, nicht ihn vollkommen zu machen!

Michael ist ein sehr verschlossener Mensch. Er brachte es nie fertig, die Sorgen, die er im Beruf hatte, seiner Frau Hanne ausführlich mitzuteilen. Hanne litt oft unter seiner Verstimmung und bedrängte ihn dauernd mit ihren Fragen: „Warum verschweigst du mir etwas? Weshalb bist du nicht offen zu mir? Warum sagst du nicht, was los ist?" Die ständige Fragerei bewirkte genau das Gegenteil: Michael zog sich noch mehr in sich zurück und reagierte unwirsch. Als Hanne lernte, das Nach-Innen-Gerichtetsein ihres Mannes zu akzeptieren, und sie sich selbst mitteilte (nicht einfach von sich schwatzte), schuf sie dadurch eine Atmosphäre, in der auch Michael die Gedanken, die ihn beschäftigten, preisgeben konnte. Immer wieder fanden sie nun bei offenen Gesprächen, bei denen man sich auch hinterfragen und (liebevoll) kritisieren ließ, gemeinsame Lösungen.

Denken Sie also daran: Sie sind Ihrem Ehepartner zur Ergänzung gegeben, nicht zur Belehrung oder als Erzieher. Und das in den vielfältigen Situationen des Lebens, in denen man miteinander schaffen und sich freuen kann, aneinander wachsen und reifen, miteinander Geduld haben und sich ergänzen kann. In Freud und Leid, in Gesundheit und Krankheit, in Nähe und Ferne, in Jugend und Alter. In Höhen und Tiefen des täglichen Lebens kön-

nen wir lernen, dass die Ehe nicht als Umerziehungs-
anstalt, sondern als gegenseitige Ergänzung gedacht ist.
Ehe soll nicht Beginn der Einsamkeit zu zweit sein oder
zum Grab der persönlichen Freiheit werden, sondern zum
höchsten Vertrauensverhältnis zwischen Mann und Frau.

Freundschaft:
weckt sehnsüchtige Bilder von Annahme und
Verständnis;

Freundschaft:
lässt erinnern an Glück und Enttäuschung;

Freundschaft:
wird oft für eigene Ergänzungsbedürftigkeit
missbraucht;

Freundschaft:
manchmal geopfert den unwahrhaftigen
Ansprüchen Nebenstehender;

Freundschaft:
kann daher zum Messer für tiefste seelische
Verletzungen werden;

Freundschaft:
muss mit den Gesetzen der Liebe und Treue
untrennbar verbunden sein;

dann wird Freundschaft
zu einem lebenslangen Fest konstruktiver
Zwischenmenschlichkeit.

*Josef Ebstein*

# Der Einheits-Gedanke

*„Also sind sie nicht mehr zwei,*
*sondern ein Fleisch"*
*(Matthäusevangelium 19, 6).*

*„Ebenso sind auch die Männer verpflichtet,*
*ihre Frauen wie ihre eigenen Leiber zu lieben.*
*Wer seine Frau liebt, liebt sich selbst"*
*(Epheserbrief 5, 28).*

Ein Leben nach dem Einheits-Gedanken gehört zu den
wahren Bedürfnissen jedes Ehepartners.

Vor ein paar Jahren war ich Gast eines gläubigen Profes-
sors, der in der Nähe von Köln wohnte. Seine Frau koch-
te ein ausgezeichnetes Mittagessen, das der liebevolle
Gatte sehr lobte. „Oh, das sollte ich eigentlich nicht tun,
das ist ja Eigenlob", meinte er plötzlich mit humorvol-
lem Augenzwinkern, „meine Frau und ich sind nämlich
völlig eins!"

Diese wichtige Erkenntnis findet man leider sehr selten
bei Eheleuten. Gott sagt, dass die Ehe eine Einheit sei,
dass Mann und Frau eins sind. Deshalb sollen wir Män-

ner unsere Frauen lieben und pflegen wie unseren eigenen Leib; denn wie ich eins mit meinem Körper bin, so bin ich auch eins mit meiner Frau. Ich muss essen und schlafen, muss meinen Körper pflegen, damit ich – als ganze Person – funktionstüchtig bleibe. Vernachlässige ich meinen Körper, indem ich beispielsweise nichts mehr trinke, so werde ich bald flach liegen, und meine ganze Persönlichkeit wird in Mitleidenschaft gezogen sein, so dass ich meiner Arbeit nicht mehr nachgehen und meine Aufgaben nicht mehr erfüllen kann.

Wer seine Frau vernachlässigt, versündigt sich an der Ehe-Körperschaft und wird den Auftrag, den Gott mit der Ehe Mann und Frau gegeben hat, nicht mehr erfüllen können.

„Das sind aber egozentrische Motive", mag jemand einwenden, „ich liebe meine Frau einzig und allein um ihrer selbst willen und nicht, um damit einem persönlichen Bedürfnis nachzukommen." Schön und gut, tun Sie's nur so! Aber passen Sie auf, dass Ihre Liebe nicht den Beigeschmack einer gönnerhaften, kalten Distanz bekommt. Die Heilige Schrift ist hier sehr realistisch und praktisch: Ein Mann ist von seinem Körper abhängig und wird daher auch gut für ihn sorgen. Wenn der Mann nun ebenso für seine Frau sorgt, weil er aufgrund der ehelichen Einheit ja auch von ihr abhängig ist, so ist das keine ichbezogene Schwäche, sondern ein dankbares Akzeptieren der eigenen Bedürftigkeit. Außerdem will ich ja die mir von Gott gegebenen Aufgaben besser erfüllen können; darum muss ich essen, darum muss ich auch meine Frau pflegen, damit die Ehe Ausstrahlungskraft hat und erfolgreich ist.

Jede Ehefrau braucht einen Ehemann, der sie zutiefst versteht, der „mit Vernunft bei ihr wohnt" (1. Petrusbrief 3, 7); das heißt also, gemäß seinem „Wissen". Das bedeutet, der Mann muss lernen, seine Frau zu verstehen und Rücksicht zu nehmen auf ihre besondere Beschaffenheit – seelisch und körperlich.

Genauso braucht auch jeder Ehemann eine Ehefrau, die sich um tiefstes Verständnis bemüht, die ebenfalls Rücksicht nimmt, allerdings mehr auf die einem Mann eher eigene Ego-Schwäche.

Dadurch entwickelt sich ein immer tieferes Einheits-Erleben. Die Eheleute wissen, dass sie sich aufeinander verlassen können, weil jeder Partner verantwortungsbewusst lebt. Man hält – auch im sexuellen Bereich – stets das Glück und die Freude des Ehegatten im Auge. Man sitzt in einem Boot, was die gemeinsamen Grundlagen, Ziele und auch die praktischen Belange betrifft wie Finanzen, Kindererziehung etc. So wird ein Ehepartner niemals den andern vor den Kindern (oder anderen Dritten) heruntersetzen oder beschuldigen.

Es gibt zahlreiche weitere „wahre Bedürfnisse", die es zu erforschen und zu stillen suchen gilt. Um die verschiedenen Aspekte besser verdeutlichen zu können, vollziehen wir eine Trennung und betrachten zuerst besondere „Bedürfnisse der Frau" und dann „Bedürfnisse des Mannes", wobei in der Realität keine solche Trennung vollzogen werden kann. Das Wesen der verschiedenen Prinzipien gilt für jeden Ehepartner, die Prägung und die Proportionen sind individuell verschieden und müssen daher auch individuell erforscht werden.

weg von mir,
aus dem Käfig meines Begehrens;

weg von mir,
aus dem Kerker meiner Wünsche;

weg von mir,
aus dem Labyrinth eigensüchtiger Absichten;

weg von mir,
aus dem Gefängnis, mich selbst als Bauchnabel
der Welt erleben zu müssen;

hin zu dir,
den ich beschenken möchte;

hin zu dir,
den ich lieben lernen will.

*Elisabeth Adam*

# Forschungsreisen der Liebe

*„...da ward ich in seinen Augen wie eine,*
*die Frieden gefunden hat."*
*(Hohelied 8,10)*

Diese Verse lassen deutlich erahnen, dass es beim „praktisches Lieben lernen" zuerst um eine innere Haltung geht; um einen „Blick" für den andern, eine Grundeinstellung. Mit welchen Augen sehe ich meine Ehefrau an? Oder durch welche Brille nehme ich ihre Person zur Kenntnis?

Unser Leitmotiv *„Lieben bedeutet praktisch: die wahren Bedürfnisse des andern zu erforschen und zu stillen suchen"* weist uns auch hier den Weg. Ich achte meine Partnerin und frage nach ihren wahren Bedürfnissen. Ich fasse diese ins Auge und erforsche sie, denn ich will diese Bedürfnisse kennenlernen, verstehen lernen und ... zu stillen suchen.

Die Heilige Schrift weist darauf hin, dass es *primär* die Aufgabe eines Mannes ist, die wahren Bedürfnisse seiner Frau zu stillen. Dazu ist ein Mann aber nur dann in der Lage, wenn er die Bedürfnisse seiner Frau auch kennt!

Falls Sie Kinder haben: Erinnern Sie sich noch daran, in welch schwieriger Lage Sie sich befanden, als das Kleine in seinem Stubenwagen schrie und schrie und nicht mehr aufhören wollte? Sie konnten nichts dagegen unternehmen, weil Sie die Bedürfnisse des lauthals schreienden Babys nicht kannten. Daher riefen Sie einen Kinderarzt und hofften, dass Ihnen die Erfahrung und das Wissen des Fachmannes Auskunft über die unerklärlichen Bedürfnisse des Kindes geben würden. Erst als Sie gewusst hatten, was dem Kind fehlte, konnten Sie seine Bedürfnisse stillen.

Mit anderen Worten: Die wichtigste Aufgabe des Mannes ist es, die Bedürfnisse seiner Frau zu entdecken! Dabei sollten wir Männer uns nicht von dem verbreiteten James-Bond-Mythos täuschen lassen; denn nicht derjenige ist ein guter Liebhaber, der möglichst viele eros-umwitterte Partnerinnen sexuell befriedigen kann – das kann (in seinem Bereich) jeder Hund. *„Ein erfolgreicher Liebhaber ist ein Mann, der die wirklichen Bedürfnisse einer einzigen Frau ein Leben lang zu stillen vermag."*

# Wahre Bedürfnisse
# in femininer Hinsicht

Dass ich bereits zwischen sexuellen und wirklichen Bedürfnissen unterschieden habe, macht deutlich, dass die eigentlichen Bedürfnisse der Frau weniger den sexuellen Bereich betreffen (wobei dieser dadurch weder ausgeklammert noch abgewertet wird), sie betreffen eher den seelischen, den psychischen Bereich. Viele Männer haben davon so viel Ahnung wie ein Mondkalb vom Schlittschuhlaufen. (Nichts für ungut, meine Herren!)

Ein Beispiel: Nach getaner Büroarbeit kommt der werte Gatte nach Hause, schlingt das verdiente Abendessen hinunter, trinkt das verdiente Bierchen dazu, gibt (vielleicht) der Hausfrau ein Küsschen als Dankeschön, zieht sich zur verdienten Entspannung in den gemütlichen Fernsehsessel oder zur spannenden Lektüre zurück, macht den Kindern klar, dass er jetzt seine Ruhe haben möchte und vertieft sich in die Abenteuer des britischen Geheimagenten „099".

Währenddessen räumt die Gattin den Tisch ab, spült das Geschirr, zieht die Kinder aus, hilft beim Waschen und Zähneputzen, rennt zum Telefon, schlichtet einen Streit der Kleinen, muss vor dem Zubettbringen verschiedene Einfälle (mit zeitlich hinauszögernder Wirkung) der Kinder abwehren, erzählt eine Gute-Nacht-Geschichte, lässt das Badewasser ab, räumt die Kleider auf, putzt die Badewanne, füttert die Goldfische, gießt die Blumen, näht einen Hemdenknopf an, repariert einen kaputten Reißverschluss, stolpert über die Schuhe ihres Gatten, macht sich selbst zum Schlafengehen fertig und sinkt schließlich todmüde ins Bett.

Inzwischen hat der Gatte die kühle Entschlossenheit von Agent „099" bewundert, seinen Mut und sein rasches Reaktionsvermögen begrüßt und sich schließlich mit dem überlegenen, dezent scherzenden Wesen von „099" identifiziert. Voller Genugtuung über das erfolgreich bestandene Abenteuer leert der „099"-Gatte noch einen Cognac, schreitet mit männlicher Eleganz federnden Schrittes zum Schlafzimmer und wirft seiner Gattin mit zurückhaltendem Humor ein „Na, was läuft heute abend?" zu. Als nur ein schwaches „Was läuft?" zurückkommt, ist „099" mit seiner Weisheit am Ende.

Obwohl auch beim Mann prinzipiell vorhanden, möchte ich als wahre Bedürfnisse der Frau beispielhaft folgende nennen:

## Bestätigung

*„Und wie sich ein Bräutigam seiner Braut freut,*
*so wird sich dein Gott über dich freuen..."*
*(Jesaja 62, 5)*

Jeder Mensch braucht Bestätigung! Das weiß natürlich unser Schöpfer und will deshalb dieses Bedürfnis nach Bestätigung beim Menschen grundsätzlich selbst stillen. Diese göttliche Haltung sollten wir uns zum Vorbild nehmen. Auch Ihre Frau will sich von Ihnen geschätzt und bestätigt wissen. Kein Mensch verkraftet es, überflüssig zu sein. Das gilt für die berufstätige Frau genauso wie für die sogenannte „nur"-Hausfrau. Das gilt für unsere Kinder genauso wie für unsere Freunde.

Heutzutage ist es für eine Frau, die als Hausfrau tätig ist, besonders schwierig, sich wertvoll zu fühlen. Schaltet sie am Nachmittag das Radio ein, wird ihr (wenn auch durch die Blume) gesagt, dass eine „nur"-Hausfrau automatisch verblöde; schaut sie am Abend fern, wird ihr das freie Leben einer Frau im Berufsleben nahegebracht; liest sie eine Illustrierte, muss sie erfahren, wie erbärmlich ein Leben zwischen Kochtopf, Kindern und Ehemann sei. Und wenn schließlich noch der holde Gatte am Abend heimkommt und in einem entsprechenden Ton „Wo bleibt das Essen?!" ruft, als wollte er sagen: „Was hast du denn den ganzen Tag getan?" – dann möchte ich wissen, wie sich eine Frau da noch wertvoll fühlen kann!

Es sollte mehr als nur eine Geste sein, wenn ein Mann seiner Frau jeden Morgen einen Abschiedskuss gibt, bevor er zur Arbeit geht.

Der Mann trägt einen Teil von Destruktivität dazu bei, wenn er seinen Beruf wichtiger nimmt als seine Familie. Ein Mann, der zuerst seinen Beruf lebt (egal ob er Maurer, Vertreter, Sozialarbeiter oder Pastor ist), gibt damit zu verstehen, dass die Familie und die damit verbundenen Aufgaben unwichtig und minderwertig sind. Wen wundert's also, wenn Frauen über ihre empfundene Minderwertigkeit (durch die Prioritätenliste ihres Mannes vermittelt) in Depressionen fallen?! Wen wundert's, dass sie auch dort sein wollen, wo die „wichtigen Dinge" des Lebens ablaufen?!

Dabei gibt es nachweislich keinen Ersatz für die liebevolle Zuwendung einer Mutter zu ihren Kindern; fürs „Zeithaben" für die Kleinen; für die mütterliche Anleitung in der frühkindlichen Entwicklungsphase und für die Atmosphäre der Ordnung und Geborgenheit eines echten Heimes! Welche Tätigkeit ist denn auch nur annähernd so bedeutungsvoll wie das Prägen und Formen eines menschlichen Wesens?!

Soll Ihre Ehe Ausstrahlungskraft haben, und wollen Sie Ihre Frau glücklich sehen, dann müssen Sie, lieber Ehegatte, dafür sorgen, dass Ihre Frau sich des Wertes und der Bedeutung beispielsweise ihrer hausfraulichen Aufgabe bewusst wird!

### Anerkennung

*„Ein Heiratsantrag ist das größte und meist auch letzte Kompliment, das ein Mann seiner Frau macht."*

Ihre Frau ist ein von Gott einmalig geschaffenes Wesen mit besonderen Gaben und Talenten. Anerkennen Sie diese Talente und sagen Sie dies auch mit Worten! Machen Sie Ihrer Frau ehrliche Komplimente.

Wie gelingt dies? Wie kann ich ehrliche Komplimente weitergeben, ohne heuchlerisch „Honig um den Mund" zu schmieren? Machen Sie Ihre Augen auf und interessieren Sie sich wieder bewusst für all das Positive und Schöne, das die Persönlichkeit ihrer Frau ausmacht.

Es ist leider so, dass wir Dinge, an die wir uns gewöhnt haben, die „alltäglich" wurden, nicht mehr bewusst wahrnehmen. Darum ist es immer wieder notwendig, dass wir unsere Aufmerksamkeit bewusst auf das „Gewöhnliche" richten.

Auch beim Ehepartner kann vieles alltäglich oder gewöhnlich werden. Das sollte man aber nicht zulassen. Indem Sie Ihr ungeteiltes Interesse auf das Alltägliche richten, werden Sie wieder zahlreiche verborgene Schönheiten und Kostbarkeiten entdecken – die Sie nicht nur selbst dankbar zur Kenntnis nehmen, sondern für die Sie Ihrer Frau die entsprechende Anerkennung zollen sollten! Ein ehrliches Kompliment ist Balsam für den fraulichen Wunsch nach Bestätigung.

Stellen Sie sich vor, Sie wären Architekt. Nach Ihrem mühevoll erarbeiteten Plan wurde ein einmalig hübsches, praktisches und günstiges Einfamilienhaus gebaut. Bald zieht auch der Bauherr mit seiner Familie dort ein und genießt zufrieden ein behagliches Wohnen. Doch nie vernehmen Sie von irgend jemandem auch nur ein Sterbenswörtchen der Anerkennung für Ihre architektonische Leistung. Wie würde dies auf Sie wirken?

Wohl genauso, wie es auf die Hausfrau wirkt, wenn sie sich bemüht, jeden Mittag ein schmackhaftes Essen aufzutischen – und die zufriedenen Esser bringen es nicht über die Lippen, der Köchin ihre Anerkennung auszusprechen. Bald wird sie vom Wert ihrer Arbeit genausowenig überzeugt sein wie der Chirurg, nach dessen Operationen stets nur Leichen übrig bleiben. Bei den anderen hausfraulichen Tätigkeiten sieht es aber auch nicht besser aus: oder handelt sich Ihre Frau durch ihren Ordnungssinn Lorbeeren ein? („Wer hat nun wieder die Zeitung vom letzten Samstag weggeräumt?") Oder erntet sie Beifall für ihre Putztätigkeit? Lob fürs Wäschewaschen? Anerkennung fürs Flicken? Bewunderung für verständnisvolle Gespräche mit den Sprösslingen? Es müssen schrecklich viele Ehefrauen mit erschütternd wenig Bestätigung für ihre Arbeit leben!

Wie sprechen Sie überhaupt mit Ihrer Frau? Sind Sie dabei positiv oder negativ eingestellt? Beachten Sie auch die Tatsache, dass Sie automatisch ein „negatives Gespräch" führen, wenn Sie – statt eines anerkennenden Kompliments – überhaupt nichts sagen! Wie wir bereits gesehen haben, können Sie aufrichtig und ehrlich Komplimente machen, auch wenn Ihre Gefühle Sie nicht dazu drängen!

Oftmals muss man sich gefühlsmäßig dazu überwinden, Anerkennung auszusprechen, positiv zu sein oder die Bedürfnisse seiner Frau in Erfahrung zu bringen. Doch je mehr man sich darin übt, desto leichter wird es einem fallen. Wie gesagt: Liebe kann man lernen.

Noch einige praktische Punkte, wodurch ein Mann seine Frau bestätigen kann.

### Aufmerksamkeit

*„Astronauten werden von den Männern beneidet,*
*weil sie ihren Frauen von ihren Reisen*
*nichts mitbringen müssen."*

„Kleine Geschenke fördern die Freundschaft" lautet ein altes Sprichwort. Es kommt dabei nicht auf den Kaufwert eines kleinen Geschenkes an, sondern darauf, ob es Ausdruck einer liebevollen Aufmerksamkeit darstellt.

Egon konnte als Verkaufschef ein neues, selbstentwikkeltes Modell für den Außendienst einführen. Dafür arbeitete er sieben Tage in der Woche. Dabei verpasste er den elften Hochzeitstag, und der Haussegen hing schief. „Wie kann sie nur so kleinlich sein!" rief Egon kopfschüttelnd. „Ich habe gearbeitet und geschuftet, und meine Frau kann sich dadurch alles leisten – einen Zweitwagen, ein Dutzend Haushalt-Extras, sie kann in ihrer Garderobe immer mit der Mode gehen, nie braucht sie zu sparen. Und jetzt diese Empfindlichkeit..."

Was Egon nicht erkannt hat: seine Frau würde auf all die Extras verzichten, wenn sie die liebevolle Aufmerksamkeit ihres Mannes empfangen würde. Textilien und Maschinen sind kein Ersatz für Liebe! Während Egon die ganze Woche dafür arbeitet, Selbstbestätigung im Beruf zu finden, vernachlässigt er dadurch in sträflicher Weise die gleichen Bedürfnisse nach Bestätigung bei seiner Frau.

Wann haben Sie Ihrer Frau das letzte Mal einen Liebesbrief geschrieben? Oh, ich weiß, wir tun uns schwer, so etwas Romantisches zu tun. Unser Vorbild des starken Mannes verlangt nach einem harten, stolzen und eher gefühlskalten Auftreten und hat keinen Platz für „Gefühlsduseleien". Werfen Sie ein solches Vorbild ruhig über Bord und bedenken Sie, dass es ein Ausdruck wahrer Liebe ist, die seelischen Bedürfnisse seiner Frau zu erkennen und zu befriedigen!

Es geht keineswegs darum, ob Sie von einem Blumenstrauß entzückt sind, sondern ob sich Ihre Frau über diese Aufmerksamkeit von Ihnen freut und sich dadurch bestätigt fühlt!

Wenn Ihre Ehefrau Zärtlichkeit mag, warum geben Sie ihr dann so wenig? Wenn Sie das Wohl Ihrer Ehefrau im Auge haben, werden Sie mit Ihren Aufmerksamkeiten nicht mehr so knauserig sein, vor allem mit den kleinen Aufmerksamkeiten, die einer Frau große Ermutigung und Bestätigung sind: eine herzliche Umarmung, ein zärtliches Wort, ein liebevoller Kuss... Das tun Sie? Schön, aber wie oft?

Überschütten Sie Ihre Frau immer und immer wieder mit kleinen Aufmerksamkeiten und geben Sie ihr auch einen Kuss, während sie gerade bügelt, oder erfreuen Sie sie mit einem liebevollen Wort gerade so beim Vorübergehen. Ein Humorist meinte dazu sarkastisch: „Wer behauptet, Männer könnten nicht mehr küssen, der hat noch nie ein Tor auf dem Fußballplatz gesehen!"

„ ... und erweiset ihnen (euren Ehefrauen) Ehre ... " weist uns Petrus in seinem 1. Brief (Kap. 3, 7) an. Haben wir unserer Ehefrau einen Ehrenplatz eingeräumt? Weiß sie, dass wir sie ehren und sie kostbar für uns ist? Es ist unbedingt nötig, dass wir unserer Ehefrau dies auch sagen: manchmal mit Worten, manchmal mit einem kleinen liebevollen Geschenk oder mit Blumen, mit ihrer Lieblingsmahlzeit in einem Restaurant oder einem Ferienwochenende.

Gerade in diesem Punkt sollte der Mann erkennen, dass er die Aufgabe hat, auch für Abwechslung für seine Frau zu sorgen. Im Berufsleben erlebt der Mann oft viel Abwechslung, und gerade wenn jemand beruflich viel unterwegs ist, möchte er vielleicht seinen Urlaub „in den eigenen vier Wänden" verbringen, was aber für die Frau alles andere als Urlaub, Erholung, Entspannung und Abwechslung bringen würde.

Bestätigen Sie Ihre Frau auch immer wieder durch kleine Aufmerksamkeiten!

## Ein gewöhnlicher Liebesbrief

*Verwundert glaube ich, Deine Nähe zu spüren. Du zu Hause, ich hier, viele Kilometer Luftlinie dazwischen. Und doch meine ich, Du seist in mich eingepflanzt. Irgendwo in meinem Innern. Nicht nur als Erinnerung oder gesetzlich fest-gelegter Partner, nein, als wesentlicher Teil von mir selbst. Manchmal erschrecke ich darüber, wie oberflächlich ich lebe. Ich rechne damit, Dich nach Feierabend stets daheim anzutreffen. Erwarte es als selbstverständlich, dass Du nachts neben mir liegst. Finde es alltäglich, Deine Fürsorge, Deine liebenden Gesten und Worte zu erleben. Ich Dummkopf! Erst wenn ich innehalte und nachdenke, werde ich dankbar. Dankbar dafür, dass wir zusammengehören. Für immer. Eine unzertrennliche Symbiose, Verbindung, Verschmelzung. So freue ich mich umso mehr, dass ich mich damals willentlich für Dich entschieden habe. Es war eine bewusste Entscheidung, nicht ein „Hineinschlittern". Die absolute Entscheidung nicht nur für friedliche Stunden, angenehme Zeiten, Stunden mit Verliebtheitsgefühlen; son-dern auch zum Sich-verschenken, zum Opfer, Geben, Mittragen. Warum zeig ich's nur so we-nig? Warum glaub ich oft, Liebe sei vor allem Gefühl? Es ist schön, dass Liebe viel mehr, viel tiefer ist. Darum will ich's Dir ins Ohr flüstern. Voller Überzeugung und nicht das letzte Mal: Ich hab Dich lieb!*
*Dein...*

# Sich Zeit nehmen

Für alles, was uns wertvoll erscheint, nehmen wir uns
Zeit. Zeit finden werden wir nie, wir müssen sie uns schon
nehmen. Für Dinge, die uns nicht interessieren, nehmen
wir uns auch keine Zeit. Sie werden mich nie an einer
Ausstellung moderner Grafik sehen. Warum? Weil mich
dies überhaupt nicht interessiert. Deshalb nehme ich mir
auch keine Zeit dafür. Andererseits habe ich noch nie einen verliebten jungen Menschen erlebt, der einen soeben
erhaltenen Liebesbrief ungelesen mit der Begründung
beiseite gelegt hat, er hätte keine Zeit. Was einem wichtig ist, dafür nimmt man sich Zeit!

Tragen Sie also in Ihren Terminkalender vor allem die gemeinsame Zeit für die Familie ein – als wichtigen, unabän-
derlichen Termin! Meistens steht im Terminkalender: „Treffen mit Kollege Müller", „Geburtstagsfeier von Willi", „Sau-
na", „Geschäftsbesprechung", „Tischtennis-Training" usw.
Falls noch weiße Flecken im Terminkalender übrigbleiben,
wird man da schon noch Zeit für die Familie finden. Ist es
Ihnen noch nicht aufgefallen, dass Sie diese Zeit tatsächlich
nicht finden, sondern dass Sie sich diese Zeit bewusst nehmen müssen – auch auf Kosten eines Kollegentreffens oder
des Saunabesuchs? Ist die Familie weniger wichtig als ein
Tennis-Match? Zeigen Sie Ihre Wertschätzung für Ihre Frau,
indem Sie sich Zeit für sie nehmen.

Karl sah diese Notwendigkeit ein. Deshalb plante er an
einem Abend ein gemeinsames Essen im Restaurant. Dagegen wäre ja nichts zu sagen. Doch hastete Karl mit seiner Frau schon zum Lokal, als wäre King Kong hinter
ihm her. Alle fünf Minuten warf er dann einen verstohle-
nen Blick auf die Uhr, weil er die Fernsehsendung um
21.15 Uhr nicht verpassen wollte. Während des Essens

überdachte er nochmals die peinliche Unterredung mit
dem Chef, und beim Nachtisch fragte er seine Frau, ob
sie nicht mit etwas weniger Haushaltsgeld auskommen
könnte. Die Woche darauf verzichtete seine Frau auf einen „gemeinsamen Abend" im Restaurant...

Eine praktische Terminplanung, verbunden mit der richtigen inneren Haltung, hilft beim Problem „Zeit füreinander
nehmen". Darüberhinaus kommt Ihre Liebe auch dann sehr
stark zum Ausdruck, wenn Sie die eventuellen alltäglichen
„weißen Flecken" im Terminkalender ausnutzen, um spontan und überraschend, aber bewusst Zeit mit Ihrer Frau zu
verbringen. Das kann in Form eines Spaziergangs, eines
Gesprächs oder einer praktischen Hilfestellung oder einfach durch teilnehmende Fragen geschehen.

## Hilfestellung

Eine Frau braucht Hilfestellung in ihren Nöten. Wer recht
für seinen Leib sorgt, wird nicht nur auf verschiedene
Wünsche achthaben, sondern auch auf verschiedene
Schmerzen. Wer bei sich eine Halsentzündung feststellt,
wird normalerweise Lutschtabletten nehmen oder mit entsprechenden Flüssigkeiten gurgeln – also Hilfestellung
geben, damit der Körper mit der Entzündung besser fertig werden kann. So soll der Mann auch seiner Frau helfen, damit sie ihre Nöte besser überwinden kann.

Wie können solche Nöte aussehen?

### Erschöpfung

Tausende von Frauen leiden an den Folgen von Stress
und Überbelastung. Und gerade weil man dem Beruf

„Hausfrau und Mutter" so wenig Verständnis entgegenbringt, findet man bei Frauen sehr häufig das Phänomen der Erschöpfung durch Stress und Überbelastung.

Ich kann mich noch gut an einen Abend erinnern, an dem ich bei einer Familie mit drei Kindern eingeladen war. Beim Abendessen kam die Mutter selbst kaum dazu, einen Bissen zu essen. Da fehlte in der Milch noch etwas Kakao, dort fiel ein Löffel zu Boden (natürlich voller Brei), die Kleinste begann mit einem Gebrüll, weil irgend etwas nicht schmeckte, der Größere wollte unbedingt dem Papa etwas Aufregendes vom Nachmittag erzählen, und dieser bemühte sich, mir seine beruflichen Qualitäten als Fotograf in allen Details zu schildern. Das einzige, was mich zu diesem Zeitpunkt aber interessierte, war die Frage: wie hält diese Frau das nur aus?! Und diese Frage stellen sich heutzutage viele Hausfrauen (statt der Ehemänner).

Wenn nun aber ein Mann seine Frau liebt (lieben will!), wird er zuerst einmal den Zustand seiner Frau bemerken und nicht einfach darüber hinweggehen. Und das ist für die Frau schon sehr viel wert!

Zusammen sollte man sich dann Fragen stellen wie: „Welche Arbeiten können der Frau abgenommen werden?" (z.T. durch den Mann oder gar stundenweise durch eine Haushaltshilfe). „Wo nimmt sich die Frau zu viel vor?" „Wird es ihr ermöglicht, auch eine bestimmte Zeit der Entspannung für sich selbst zu haben?"

Achten Sie als Ehemann vor allem auch auf den Gesundheitszustand Ihrer Frau. Auch eine Mutter sollte bei Fieber das Bett hüten und sich nicht als „Steh-auf-Männchen" betätigen, das bekanntlich auf jeglichen „Schubs" nur die eine Reaktion des schnellen Aufstehens kennt.

Oder findet man in Ihrer Ehe folgende Entwicklung:

*1. Jahr: „Ach, mein liebes Herzchen, du hüstelst ja; ich werde sofort den Arzt anrufen, damit er vorbeikommt und dir etwas verschreibt. Ich hole gleich noch ein paar herrliche Süßigkeiten, die du nach der bitteren Medizin knabbern kannst, mein Goldschatz!"*

*3. Jahr: „Hast du 'ne Grippe, Liebling? Wenn's nicht besser wird, solltest du mal zum Arzt gehen. Überhaupt empfehle ich dir, nach dem Geschirrabwaschen eine Aspirintablette zu nehmen und zu schwitzen."*

*5. Jahr: „Statt herumzusitzen und zu bellen wie ein alter Wachhund solltest du was unternehmen! Hatte dir ja gleich gesagt, dass du dich wärmer anziehen sollst! Und hör auf, hier zu niesen, oder willst du mich auch noch anstecken?"*

Sie sollen Ihre Frau nicht verhätscheln, doch sich um sie sorgen und ihr, wann immer möglich, helfen. Es ist absolut nicht hilfreich (und daher eine sogenannte „Fehlbefriedigung"), wenn ein Mann sagt: „Ach, Liebling, du musst heute kein Geschirr abwaschen – *lass' es steh'n bis morgen!"*...

### Seelische Nöte

Die Nöte der Frau können aber auch seelischer Natur sein. Und gerade deswegen übersehen viele Ehemänner ganz bewusst diesen Kummer; denn der starke Supermann hat ja immer eine glasklare Antwort auf jedes Problem, er steht doch haushoch über jedem Wehwehchen. Und wenn der starke Mann dann ahnt, dass er gegebenenfalls gar keine Antwort auf die seelische Not seiner Frau hat, wird das ganze Problem geflissentlich übergangen!

Echte Liebe heißt, bereit sein, sich mit der Not des anderen zu beschäftigen! Die Probleme meiner Frau sind auch meine Probleme. Ihr Kummer ist auch mein Kummer, und daher soll ich mir Zeit nehmen, um mich mit der konkreten seelischen Not meiner Frau zu beschäftigen (auch wenn ich keine Lust dazu habe). Nur dieses gemeinsame Suchen nach Antwort, was der Frau an sich schon eine große Hilfe ist, ermöglicht auch das gemeinsame Lösen einer Schwierigkeit. Es lässt mich als Mann auch an der Freude des Überwindens einer Not teilhaben.

„Ich verstehe sie ja doch nicht", mag oft ein Einwand sein. Oder auch: „Er versteht mich ja sowieso nicht." Gerade deshalb braucht es Zeit zum Gespräch, um sich zu erklären, aufzuschließen und sich mitzuteilen, damit ein Verstehen möglich wird.

Ein Schüler, der die Funktion des Dreisatzes nicht versteht, muss sich Zeit nehmen, um das Problem überdenken und die Zusammenhänge erkennen zu können. Er wäre schlecht beraten, wenn er das Problem einfach links liegen ließe und sich dem nächsten Thema zuwenden würde. Er würde von der Mathematik immer weniger verstehen. Ein Mann, der nicht bereit ist, die seelischen Nöte seiner Frau verstehen zu lernen und sich damit zu beschäftigen, wird auch seine Frau immer weniger verstehen.

Schon seit ein paar Tagen merkte Oliver, dass seine Frau etwas bedrückte. Auf seine Frage „Hast du was?" antwortete sie ausweichend. Zuerst beruhigte er sich damit, dass schwangere Frauen ja oft „komisch" seien. Schließlich aber nahm er sie eines Abends doch liebevoll in den Arm und sagte: „Agnes, ich merke, dass dich etwas bedrückt. Bitte sag mir, was es ist. Ich möchte dir helfen, damit du wieder froh wirst." Als Agnes die Bereitschaft und das teilnehmende Verständnis ihres Mannes verspürte, gestand sie ihm – etwas stockend zwar und nach Worten suchend: „Oliver, ich bin im siebten Monat schwanger, und ich habe Angst, dir nicht mehr zu gefallen. Ich finde, dass ich unmöglich aussehe und fürchte, dass dir das Probleme bereitet." Endlich war es gesagt. Oliver konnte seiner Frau erklären, dass er sich ja mit ihr auf das Kind freue und dass es ihm fern läge, diesen „dicken Bauch" unansehnlich zu finden. Er hätte da keinerlei Probleme...

Olivers Worte waren Balsam für die seelische Not seiner Frau. Er konnte sie beruhigen und ermutigen. Agnes war froh und dankbar dafür.

Ich kann mich noch gut an einen Bankkaufmann erinnern, der an einem Eheseminar in Berlin teilnahm: „Am Abend kann ich das Gejammer meiner Frau über die Kinder nicht mehr hören. So schlimm kann's doch nicht sein mit den Bengeln", meinte er, als er über die allabendlichen Klagen seiner Frau sprach. Er musste bald erkennen, dass seine unterlassene Hilfeleistung in puncto Kindererziehung einen wesentlichen Auslöser für diese Klagen darstellte. Erst als er bereit war, sich bewusst für die Geschehnisse des Tages zu interessieren und mit seiner Ehefrau zusammen Probleme der Kindererziehung durchzusprechen, hörte auch das „Gejammer" auf.

## Zuneigung

*„Schlecht ist der gemeine Liebhaber,*
*der den Leib mehr als die Seele liebt." (Plato)*

Aus diesem Zitat (aus „Gastmahl" des griechischen Philosophen Plato) ist der – missverstandene! – Ausdruck der „platonischen Liebe" entstanden. Dabei ging es damals wie auch heute vor allem um die Frage der Priorität und der rechten Einordnung von Leib und Seele. Dazu kurz ein paar Gedanken.

### Erotische Liebe

Eine Frau möchte begehrt werden, und zwar um ihrer selbst willen! Sie möchte die Geliebte ihres Mannes sein, ohne Vorbehalte. Solange sich Ihre Frau als Ihre Geliebte weiß, wird sie ermutigt und beflügelt sein, an Ihrer Seite zu stehen.

Zeigen Sie Ihrer Frau, dass sie nicht Ihre Haushälterin, Ihr Kindermädchen, Ihr Buchhalter oder Ihr Bettgefährte ist, sondern Ihre Geliebte! Investieren Sie noch vor der körperlichen Liebe Ihre erotische Liebe durch Zärtlichkeit und Anerkennung. Ihre Frau freut sich darüber, von Ihnen als ganze Person begehrt zu werden!

In manchem Haus arbeitet eine Frau in Küche und Zimmern, verbissen und enttäuscht oder gleichgültig und frustriert, und in stillen Nächten könnte der Mann ein verhaltenes Weinen hören (wenn er wach oder überhaupt anwesend wäre). Es handelt sich um eine Frau, deren Welt zusammengestürzt ist, weil sie nicht mehr die Geliebte ihres Mannes ist, sondern nur noch Befriedigungsinstrument und Arbeitskraft. Sie fühlt sich wie eine Geige mit gerissenen Saiten, ein harmonischer, frischer Ton ist nicht mehr möglich. Die erotische Liebe wurde ihr genommen. Jeder Mann sollte sich der Tragik dieser Unterlassung bewusst werden.

### Körperliche Liebe

Wenn man heute von einem erfolgreichen Ehemann spricht, denkt man vor allem an seine sexuellen Fähigkeiten. Das ist

aber genauso falsch, wie den Erfolg eines Arztes daran zu
messen, wie viele Tabletten er verabreicht. Es gibt ein Zu-
viel und ein Zuwenig an Tabletten, es gibt Pillen, die völlig
fehl am Platze sind und solche, die ohne helfende Wirkung
bleiben. Es braucht also gute Tabletten, die im Gesamtzu-
sammenhang der Behandlung richtig eingesetzt werden.

So ist es auch mit der ehelichen Sexualität. Sie muss eingehüllt sein in eine Atmosphäre der Liebe, Treue und Verantwortung. Wer die seelischen Bedürfnisse seiner Frau
nicht befriedigt, dessen sexuelle Liebe ist wertlos. Es ist,
als wenn sich eine Mutter weder um ihr Kind kümmern
noch mit ihm sprechen würde – ihm allerdings jeden Mittag einen Teller mit dem Lieblingsessen vorsetzt. Das ist
keine Liebe. Andererseits gehört zur ehelichen Liebe unbedingt die Sexualität. Dabei ist es erstaunlich, dass es nach
dem Bibelwort aus 1. Kor. 7, 3+4 nicht zuerst um mein
eigenes Vergnügen geht, sondern um die Freude meines
Ehegefährten! Eheliche Sexualität heißt daher Sich-Hin-
geben, erfreuen und beglücken wollen! Und in diesem Sich-
Schenken erfährt man dann selbst tiefe Befriedigung.

Für eine erfüllte körperliche Beziehung ist daher die Atmosphäre äußerst wichtig! Ist Ihnen als Ehemann schon
klargeworden, dass Sie die Verantwortung für diese Atmosphäre tragen? Sie erstreckt sich aber weit über das
Schlafzimmer hinaus! Die Frau, die sich in einer Atmosphäre der Liebe und Fürsorge eingehüllt wissen möchte,
wird diese Erfüllung nicht erleben, wenn der Mann beim
Abendessen „grantig" war oder seine Frau schuften ließ,
während er dreiviertel des Abends vor dem Fernseher saß.

Bleibt Ihre Frau unerfüllt, so prüfen Sie doch einmal, ob Sie
die richtige Atmosphäre geschaffen haben, auf der eine erfüllte sexuelle Begegnung basiert. Gerade im sexuellen Bei-

sammensein ist genügend Zeit wichtig, damit Ihre Frau nicht das Gefühl hat, missbraucht zu werden. Sagen Sie Ihrer Frau, was Sie schön und anziehend an ihr finden. – Vielleicht lesen Sie einmal das Hohelied in der Bibel und entdecken die Bedürfnisse Ihrer Frau auch auf diesem Gebiet.

Denken Sie daran: Mit Biologie allein, mit der Kenntnis sexueller Funktionen, können Sie niemals ein erfülltes eheliches Geschlechtsleben gestalten!

(Dieses Thema wird ausführlich im Buch „*Ich wünsch mir deine Nähe – das göttliche Geschenk der Sexualtiät*" behandelt. Deshalb wird das Thema hier nur kurz angeschnitten.)

## Dankbarkeit

*„...ihre eigenen Frauen zu lieben*
*wie ihre eigenen Leiber;*
*wer seine Frau liebt,*
*der liebt sich selbst."*
*(Epheserbrief 5, 28)*

Indem der Ehemann liebt, wird er beschenkt. Die Frau „gibt sich hin", die Frau sorgt für ihren Mann und schenkt ihm ihren Teil zur seelischen Einheit. Der Mann sollte dies dankbar annehmen und in der Ehe nicht nur zynisch von „der besseren Hälfte" sprechen, sondern sich auch als Halbheit – zu seiner Frau hin geschaffen – sehen und annehmen.

Dankbarkeit ist mehr als ein Kompliment fürs gute Essen. Der Dankende zeigt, dass er vom Gebenden in gewisser Hinsicht abhängig ist, dass er den Gebenden braucht. Die Stellung als Empfangender, Beschenkter will daher mancher Mann tunlichst meiden. „Ist das nicht unmännlich?", fragt er sich, weil ihm das Bild vom erfolgreichen „Allroundman" eher passt. Ein solcher beschenkt, hilft, gibt und pocht einzig und allein auf einige Rechte wie seine Ruhe und Freiheit – bittet jedoch niemals seine Frau um Hilfe.

Nichts zerstört die Einheit so sehr wie der Stolz! Der Stolz, der es nicht zulassen will, auch zum Empfangenden, zum Beschenkten zu werden. „Danke, dass du meine Mängel ausfüllst, danke, dass du mich liebst und mir so viel gibst..." – dieser Dank kommt selten über stolze Lippen.

## Führungsaufgaben

*„Ihr Männer, liebet eure Frauen,*
*gleichwie Christus auch die Gemeinde geliebt*
*und sich selbst für sie hingegeben hat."*
(Epheserbrief 5, 25)

Paulus spricht hier besonders die Männer an. Und wir müssen zugeben, dass wir besonders versucht sind, gegen dieses Wort aus Eph. 5 zu handeln, nämlich zuerst unsere eigenen Wünsche zu sehen und unsere Frau selbstsüchtig zu „brauchen".

Der Mann kann seine Führungsrolle missbrauchen, indem er sie dazu benutzt, seine eigenen Wünsche durchzusetzen. Natürlich gibt es Momente, in denen eine Entscheidung getroffen werden muss, die Widerstand oder Unzufriedenheit hervorrufen kann. Die Frage aber ist: gebrauche ich meine männliche Verantwortung zum Wohle meines Partners? Die biblische Führungsverantwortung des Mannes wurde und wird leider oft ins Widersprüchliche verzerrt (und das auch noch im Namen von Gottes Willen und seinem Wort). Diese ego-zentrische Religiosität hat jedoch mit dem wirklichen Wesen Gottes nicht das Geringste zu tun.

Die Aufgabe, die Führung zu übernehmen, birgt die Ver-pflichtung in sich, dies verantwortungsvoll und umsich-tig zu tun und sich zu orientieren, ob man auch den rech-ten Weg einschlägt. Der Pilot einer Boeing, der die Füh-rung von Hunderten von Fluggästen übernommen hat, braucht zu seiner Orientierung die Bordinstrumente, sei-nen Funker und andere Helfer an Bord.

Ein Ehemann braucht für seine Führungsaufgabe eben-falls „Bordinstrumente", also verbindliche Maßstäbe (= Gottes Gebote und seine Prinzipien in der Heiligen Schrift, der Bibel) und andere Helfer, die er fragen kann. Und hier ist ihm vor allem seine Ehefrau zur Seite gestellt. Das Recht, die Richtung zu bestimmen und verbindliche Entscheidungen zu treffen, verpflichtet natürlich auch, zum richtigen Zeitpunkt zu starten, zu landen und Kurskorrekturen durchzuführen. Fehlent-scheidungen aufgrund mangelnder Orientierung (was in der Praxis oft ein unterlassenes Gespräch mit der Ehefrau bedeutet) dürfen nicht einfach verharmlost werden!

### Diener sein

Wie Jesus Christus seine Autoritätsstellung zum Wohle seiner Gemeinde eingenommen hat und dabei zum Die-ner (vergl. „Fußwaschung" im Johannesevangelium Kap. 13) wurde, so soll auch der Mann seine Führungsrolle zum Wohl der Familie ausüben und dabei erkennen, dass er gleichzeitig auch Diener zu sein hat.

## Sich identisch erklären

Jesus Christus hat sich mit seinen Nachfolgern identisch erklärt! Und ich als Ehemann? Identifiziere ich mich auch völlig mit meiner Frau? Mit ihren Kämpfen, Schmerzen, Ängsten und ihrem Kummer, Erfolg und Leid, mit ihren glücklichen und traurigen Erlebnissen, ihrem Versagen und ihren Leistungen?

## Beiwohnen

*„Und ihr Männer,*
*wohnet mit Vernunft*
*bei dem weiblichen Teil..."*
(1. Petrusbrief 3, 7).

Ein Grundsatz, den Petrus mit besonderem Nachdruck seinen Geschlechtsgenossen nahelegt, lautet, dass der Mann bei seiner Frau „wohnen" soll. Dass damit nicht nur eine Wohngemeinschaft, in der man sich Küche, Wohn- und Schlafzimmer teilt, gemeint ist, dürfte klar sein.

Wohnen heißt hier: mitleben, miteinander teilen, aufeinander eingespielt sein, tiefes Zusammensein. Wie oft entwickelt sich eine Ehe zu einer Arbeits- und Versorgungsgemeinschaft mit klar getrennten „Abteilungen". Er kümmert sich um den Verdienst, sie um die Einkäufe; er um den „Außendienst", sie um die Kindererziehung... Das ist kein erfülltes Eheleben! Der Mann hat nach dem Rat der Worte Gottes die Verpflichtung, auch die häuslichen Bereiche mitzuleben und mitzuerleben, indem er die darin anfallenden Fragen mit seiner Frau bespricht und bewegt.

Wie bequem machen es sich doch manche Männer, die einfach sämtliche Entscheidungen und Fragen der Er-

ziehung oder der Hauswirtschaft der Frau überlassen.
Es ist ja auch viel angenehmer, sich mit Dingen wie
Geschäftsbesprechungen, Gemeindetreffen, „außer-
familiären" Gesprächen zu beschäftigen, die einem
Bestätigung und Anerkennung vermitteln, als sich zusammen mit seiner Frau um die oft mühevollen Probleme von Erziehung und Hauswirtschaft zu kümmern, Probleme, die oft sehr klein erscheinen, aber umso zäher
und aufreibender sind.

Paulus sagt aber eindeutig, dass ein vorbildlicher Christ
*„seinem eigenen Hause wohl vorstehen soll"* (1. Tim. 3,4)!

Liebe Ehemänner, kämpft also gegen eure Gleichgültigkeit und Passivität im Bezug auf häusliche und familiäre
Bereiche. Lasst es nicht zu, dass man bei eurer Ehegemeinschaft lediglich feststellen kann: bei einem TV-
Programm miteinander einschlafen, bei einem anderen
miteinander wachbleiben...!


## Gott gemeinsam erleben

*„Ihr aber seid ein Tempel des lebendigen Gottes,*
*wie Gott spricht:*
*Ich will in ihnen wohnen*
*und unter ihnen wandeln*
*und will ihr Gott sein..."*
*(2. Korintherbrief 6, 16)*

Wenn Sie, liebe Leserin oder Leser, ein bewusster
Christ sind, dann haben Sie sich irgendwann einmal in
Ihrem Leben entschieden, sich an Gott zu orientieren.
Der geistliche Bereich, der Glaube, der Wille Gottes
und Sein Segen sind Ihnen wichtig geworden. Sie

stillen dadurch ein zutiefst existentielles Bedürfnis des menschlichen Seins.

Die wahren Bedürfnisse Ihrer gläubigen Ehefrau sind daher zuerst geistlicher Art. Sie möchte mit Ihnen zusammen eine christliche Ehe führen, gemeinsam mit Ihnen den „Herrn Ihrer Ehe" – Gott – erleben.

Daher ist es eine Aufgabe von höchster Priorität, dass Sie, als gläubiger Ehemann, dafür sorgen, dass Sie zusammen mit Ihrer Frau (zusätzlich zu Ihrer ganz persönlichen Gemeinschaft mit Gott) mit Jesus Christus reden (beten) und hören, was er zu sagen hat (das Wort Gottes lesen). Wieviel Segen darf ein christliches Ehepaar durch dieses gemeinsame Beten und dem Lesen der Heiligen Schrift mit anschließendem Gedankenaustausch doch erfahren!

Hier können auch anstehende Konflikte gelöst werden; hier können neue gemeinsame und zielgerichtete Aktivitäten geplant werden; hier kann stets auch der eigene Standpunkt überprüft und korrigiert werden.

Es beglückt Ihre Ehefrau zutiefst, wenn Sie diesem geistlichen Bedürfnis nachzukommen versuchen. Es bedeutet in der Praxis jedoch oftmals eine Überwindung, zu seiner Frau abends zu sagen: „Komm, lass uns noch miteinander mit Gott reden und beten!" Das gemeinsame Gespräch mit Gott ist ein derart intimer Bereich, dass man zuerst lernen muss, Hemmungen abzubauen, „geistlich völlig nackt" voreinander und vor Gott zu werden. Umso mehr entfaltet sich auf solch einer geistlichen Intimität psychische und physische Harmonie zwischen den Eheleuten. Unter einer ungestillten geistlichen Sehnsucht leidet unweigerlich der gesamte seelische Bereich eines Ehepaares.

Es ist daher gut, wenn ich als Ehemann darüber nachdenke, inwiefern ich den geistlichen Bedürfnissen in meiner
Ehe noch besser entsprechen kann, sie noch mehr stillen
kann als bisher. Dann kann ich mich den seelischen Bedürfnissen zuwenden.

# Wahre Bedürfnisse
# in maskuliner Hinsicht

*Hätte Gott die Frau dem Manne zur Herrin bestimmt,*
*so hätte Er sie aus Adams Kopf genommen;*
*hätte Er sie ihm zur Sklavin bestimmt – aus den Füßen;*
*aber Er nahm sie ihm aus der Seite,*
*weil Er sie ihm zur Gefährtin als seinesgleichen*
*bestimmte.*
*(Augustinus)*

## Akzeptieren

Oft muss der Mann im Berufsleben hart um Bestätigung, um Selbstbehauptung kämpfen. Wenn er dann nach Hause kommt und von seiner Frau hört: „Lass bitte die Schuhe nicht einfach liegen"; „du schmatzt beim Essen"; „du solltest besser auf deine Gesundheit achten und statt Wurst mehr Salat essen"; „denkst du an unseren Hochzeitstag?!"; „du solltest dir angewöhnen, pünktlicher heimzukommen" – dann wird sich der Mann automatisch innerlich zurückziehen (vielleicht kommt es zuerst noch zu einem Krach) und nicht mehr bereit sein, aus seinem Schneckenhaus auch nur die Fühler herauszustrecken; denn...

... er fühlt sich nicht akzeptiert und deshalb auch nicht geliebt;

... er kommt sich wie im Erziehungsheim vor, und die Empfindungen seiner Frau gegenüber werden entsprechend geprägt;

... sein Selbstwertgefühl wird zerstört, und er läuft Gefahr, in eine Rolle zu fliehen oder sogar aus der Ehe fliehen zu wollen.

Eine Frau hat die Aufgabe, ihrem Mann zu helfen, indem sie ihn bestätigt, d.h. zunächst einmal ihn so akzeptiert, wie er ist! Nur diese Haltung ihm gegenüber wird ihn davon überzeugen, dass er wirklich geliebt wird.

Peter platzte an einem Morgen plötzlich der Kragen: „Susanne, jetzt hast du mir schon dreimal gesagt, ich solle nicht vergessen, meine Jacke zuzuknöpfen, weil's draußen kalt ist. Jetzt halt endlich deinen Mund! Ich bin kein Kind mehr und habe deinen Ratschlag erstens nicht nötig und zweitens schon beim erstenmal richtig verstanden!" Susanne zog sich gekränkt zurück. Sie hatte es ja nur gut gemeint.

Bei allem Gut-Meinen: falls Sie, liebe Ehefrau, die Angewohnheit haben, immer Ratschläge zu erteilen oder zu nörgeln oder zu bekritteln, können Sie sicher sein, dass Sie Ihrem Mann einen schlechten Dienst erweisen und dadurch seine Empfindungen Ihnen gegenüber unaufhaltsam abwürgen! Wie sollte ein Mann auch romantische Gefühle für seinen Schulmeister aufbringen können?

## Kein Umerziehungslager

*Für manche Frauen bedeutet einen Mann heiraten*
*dasselbe wie ein altes Haus kaufen:*
*Das halbe Vergnügen liegt im Ummodeln.*

„Wenn wir mal verheiratet sind, dann wird sich das und
jenes ändern..., dann wird er dies oder das tun..." Jedoch:
Nörgeln ist das Gegenteil von akzeptieren. Entschließen
Sie sich ein für allemal, Ihren Mann so anzunehmen, wie
er ist und lassen Sie das Bekritteln, auch wenn er am Sonntagnachmittag im Sportdress im Wohnzimmer herumlun-
gert oder vor dem guten Abendessen schnell noch eine
Banane verdrückt. So soll sich also Ihre Liebe ausdrük-
ken: akzeptieren Sie Ihren Mann, wie er ist (nicht mit
Dulder-Miene, einfach den Mund halten) und zeigen Sie
ihm das auch. Sie haben in der Ehe keinen Auftrag, Ihren
Mann durch Erziehung zu verändern! Sie sollen ihn so
lieben, wie er ist, und Sie werden erstaunt sein, was für
eine Reaktion dies bei Ihrem Mann auslöst!

Besonders schlimm können solche Erziehungsversuche
von Frauen sein, die sich gut in der Bibel auskennen. Sie
haben eine ganze Palette „geistliche Forderungen" an
ihren Mann. Die Bibel ist tatsächlich ein Spiegel, der uns
(u.a.) unsere Verdorbenheit und Unfähigkeit vor Augen
führt. Diese „bibelfesten" Frauen halten ihrem Mann un-
ablässig ausgerechnet diesen Teil des Spiegels pausenlos
vor – welche Lieblosigkeit! Die Spiegel-Halterei ist nicht
Aufgabe der Ehefrau!

Es ist aber Ihr Auftrag, sich zu entschließen, Ihren Mann
künftig nicht mehr ändern, sondern annehmen zu wollen.
Gerade dann, wenn er eine Niederlage erlitten hat, braucht
er das Angenommensein von Ihnen besonders, sonst wird

er nie echtes Vertrauen zu Ihnen haben können. Akzeptieren Sie also seine Vorzüge und Nachteile!

### Achtung entgegenbringen

Bestätigen Sie Ihren Mann auch durch Bewunderung. Öffnen Sie mal wieder Ihre Augen und sagen Sie Ihm, was Sie so sehr an ihm schätzen. Sie werden ihm dadurch helfen, seine Verantwortung in Ehe und Familie freudig zu tragen.

Hierher gehört auch die biblische Mahnung in Eph. 5, 33, nach der die Frau ihren Mann achten soll. Das heißt im Klartext, dass Sie das Verhältnis zu Ihrem Mann zunichte machen, wenn Sie diese Achtung verlieren. Die praktische Auswirkung ist, dass Sie ihn dauernd „zur Schnecke" machen.

Maria und Karl waren frisch verheiratet, und schon begann das Tauziehen um die Führungsrolle. Beide hatten ihre Vorstellungen, Meinungen und Wünsche. Das begann schon damit, dass Karl die Klopapierrolle rechtsdrehend in den Halter klemmte, und Maria meinte, eine Klorolle müsse linksdrehend angebracht werden. Was Kleidung, Häuslichkeit, Geschmack und Geselligkeit betraf, hatte Maria eine klare, überlegene Meinung, die auf ihre weibliche Gabe der Intuition gegründet war. Das brachte sie ins Spiel (besser: aufs Schlachtfeld). Karl, der sich in seiner Verantwortung als Haupt natürlich noch nicht sicher fühlte, wurde dadurch noch mehr verunsichert. Wo er sich Zusammenhänge logisch erarbeiten musste, erfasste Maria diese aufgrund der weiblichen Intuition schnell in ihrer Gesamtheit. Sie wusste also manchmal schon längst, was sich Karl mühsam logisch zusammengereimt hatte. Dies verstärkte Karls Unsicherheit und sein Minderwertigkeitsgefühl.

Anstatt Verständnis, Geduld und bescheidene Zurückhaltung zu üben, trumpfte Maria mit ihrer Besserwisserei auf, fuhr ihrem Mann über den Mund und verunmöglichte ihm, die Führung in der Ehe zu ergreifen. Rund drei Jahre später litt Maria unter einem großen Problem: Karl übernahm keine Verantwortung in der Familie! Maria klagte über die Zurückgezogenheit ihres Mannes und darüber, dass sie selbst wichtige Entscheidungen (besonders bezüglich ihres Kindes) treffen müsse und sie sich von Karl alleingelassen fühle. Karl hatte schon lange abgedankt, weil Maria ja von Anfang an alles besser wusste. Maria hatte den folgenschweren Fehler begangen, Eph. 5, 33 nicht zu beachten: *„Die Frau aber achte ihren Mann."* Oftmals ruft dies auch eine verachtende Gegenreaktion des Partners hervor.

Ein Humorist kleidete dies in ein Gedicht:
*Ente fragt: „Gib mir ein Küsschen!"*
*Lämmchen sagt: „Das kann ich nicht.*
*Alles was ich seh´, ist Schnabel.*
*Ente, wo ist dein Gesicht?!"*

Dabei geht es nicht nur um die sogenannten geschwätzigen Damen, die mit einem Sonnenbrand auf der Zunge vom Urlaub zurück kommen, sondern einfach um das ständige Ausdrücken von Veränderungswünschen und -erwartungen.

### Gaben zielorientiert einsetzen

Heißt das aber nun, dass die Frau immer ruhig und still sein soll? Darf sie nicht ihre Ansicht äußern? Doch, natürlich! Sie soll ihre Gaben ja gebrauchen, um dem Manne eine Gehilfin zu sein, auch ihre Gabe der Intuition. Sprüche 31,26 weist der Frau die Richtung: *„Sie tut den*

*Mund auf mit Weisheit".* Dialog und Diskussion sind nicht mit Widerspenstigkeit gleichzusetzen. Es kommt auf die Gesinnung, auf das „Wie" an. (Ein Mann, der jegliche Meinungsverschiedenheit als Rebellion einstuft, beweist, dass er keine Ahnung von Gemeinschaft, einander dienen und Kommunikation hat.)

Die Frau redet also, um „ihrem Haupt" ein gutes „Gegenüber" und eine wirkliche „Gehilfin" zu sein, nicht, um ihm die Führung schwerzumachen oder ihm die Leviten zu lesen. Der Mann wird ihr das reichlich lohnen!

## Freiraum

Mann und Frau haben sich gegenseitig zur Treue verpflichtet – freiwillig! Deshalb darf dieser Grundzug der Liebe nicht überschüttet werden durch die Haltung, dass man den Ehegefährten als Besitz ansieht; denn der Ehepartner ist Eigentum Gottes (wenn er sich bewusst und willentlich Jesus Christus anvertraut hat). Jesus Christus hat Sie und Ihren Ehepartner teuer erkauft mit seinem Blut.

Für den Mann ist dieser Freiraum (von seiner Frau nicht als persönlicher Besitz angesehen zu werden) äußerst wichtig. Genauso bedeutungsvoll ist dieser Umstand auch für die Frau. Für den Mann ist es nicht leicht, den richtigen Weg zwischen ehelicher Liebe, Gottesliebe, Kinderliebe, ja auch „Berufs- oder Freizeitliebe" zu finden. Er sieht sich nun einmal in eine Welt mit verschiedenen Anforderungen gestellt, die alle seine Aufmerksamkeit verlangen. Setzt der Mann seine Prioritäten nach biblischen Maßstäben, braucht die Frau keine Angst zu haben, zu kurz zu kommen. Sie darf auch hier auf die Führung und das Reden Gottes zu ihrem Mann vertrauen.

Was aber tut ein Mensch, wenn er sich plötzlich wie von den Armen eines Tintenfisches umschlungen fühlt? Er versucht, sich mit allen Mitteln zu befreien.

Leider gibt es viele „Tintenfisch-Frauen", die sich darüber wundern, warum ihre eheliche Gemeinschaft immer spannungsgeladener und unbefriedigender wird. Sie bauen ihrem Mann Barrikaden auf, versuchen grundsätzlich seinen Tätigkeitsdrang zu dämpfen, wollen seine beruflichen Kontakte einschränken und errichten Schranken auf seinem Weg zur Außenwelt. Wie töricht und kurzsichtig! Der Mann wird nämlich eines Tages diese Krakenarme durchschneiden, die Barrikaden verzweifelt stürmen und dadurch mehr einreißen als notwendig wäre.

Geben Sie deshalb Ihrem Mann seinen Freiraum, seine freie Bahn für seine männlichen Aufgaben. Er wird um so lieber nach den Auseinandersetzungen mit der Außen- und Arbeitswelt „heim" kommen, wenn dieses Heim freundlich, hell und herzlich ist und nicht einem Straflager mit Stacheldrahtumzäunung ähnelt.

Dieses heitere, offene Heim wird immer stärker sein als die größten Tätigkeiten und Erfolge. Wachen Sie darum aufmerksam darüber, dass Sie keinen unvernünftigen, engherzigen Zaun um Ihren Mann errichten.

Selbstverständlich: man ist eine Einheit, – und doch bleibt man Individuum. Wie das Ruder eines Bootes fest mit dem Boot verbunden ist, so muss es doch einen gewissen individuellen Freiraum haben, um funktionsfähig zu blei-

ben. Wäre das Ruder plötzlich fest an den Bootskiel ge-
schmiedet, so wäre es unbrauchbar.

Ich habe vor allem bei Männern festgestellt: nach einer
gewissen Ehezeit merken sie plötzlich, dass ihnen einiges
an Freiheit „verloren" ging. Wir müssen hier ganz realistisch bleiben. Durch eine Heirat wird in unsere (liebge-
wordenen) Lebensgewohnheiten und Eigenarten eingegrif-
fen, unser persönlicher Lebensstil ins Wanken gebracht.

Nach meiner Heirat merkte ich, dass meine Frau nur bei
offenem Fenster schlafen kann – egal, ob es draußen lärm-
te oder stürmte – und ich war gewohnt, bei geschlosse-
nem Fenster zu schlafen. Wir mussten uns nun nüchtern
mit dieser Sachlage auseinandersetzen, uns gegenseitig
helfen, wie wir unsere Gewohnheiten in Einklang bringen konnten. (Heute kann ich nicht mehr bei geschlosse-
nem Fenster schlafen... )

Viele Männer rebellieren plötzlich gegen die Einengung
ihrer Freiheit. Und dann beginnt ein zermürbender Klein-
krieg: Man versucht, soviel wie möglich an Freiraum zu
erobern.

Dieser Kampf wird verstärkt durch gegenseitige Bevor-
mundung. Vielleicht beugt sich ein Partner zähneknir-
schend unter dem Willen des andern. Doch wird dadurch
Abneigung erzeugt. Durch Herrschsucht und Willkür des
Mannes wird das Selbstwertgefühl der Frau verletzt und
sie geht in die Abwehrstellung. Ihre Gefühle werden automatisch negativ. Wo die Frau nur gehorchen, wo nur
die Meinung des Mannes gelten soll, da herrscht Willkür
und Egoismus. Durch ihre Neigung zum Nörgeln wird
andererseits das Selbstwertgefühl des Mannes verletzt,
und er geht über zum Abwehrkampf.

Fragen Sie sich also, ob Sie nicht öfter in freudiger Beja-
hung Freiraum geben sollten, statt einzuengen; schweigen, statt zu tadeln; Anerkennung zollen, statt mit Lob zu
sparen. Warum sollte der Partner jenes Buch auch interessant finden, nur weil Sie fasziniert davon waren? Warum sollte der andere seine „stille Zeit mit Gott" in Ihrem
Beisein verbringen? Warum sollte er musizieren, wenn
er gerne lesen möchte? Warum versuchen Sie, ihn zum
Wandern zu bewegen, obwohl er heute doch lieber aus-
spannen möchte?

Dieser individuelle Freiraum führt nicht zum Auseinanderleben, sondern fördert den freiwilligen Wetteifer der
Liebe, die Bedürfnisse des andern erforschen und stillen
zu wollen. Dieser individuelle Spielraum, soweit er sich
mit den Pflichten einer gemeinsamen Ehe vereinbaren
lässt, schenkt dem Einzelnen Wertgefühl und eine gesunde Eigenständigkeit. Man braucht nicht alles zusammen
zu unternehmen.

Zum Freiraum gehören auch die Beziehungen zu Freunden und Bekannten. Es ist wichtig und wertvoll, wenn
die Ehegefährten auch andere Freunde haben; die Frau
Freundinnen, der Mann Freunde.

Schlechte Freundschaften sind solche, die destruktiv wirken. Da gibt es beispielsweise Frauenfreundschaften, die
einem Kriegsbündnis gegen den Mann gleichen. Da wird
zusammen geklagt, genörgelt und gezetert. Dass dies ein
zerstörerisches Verhalten ist, dürfte klar sein. Die Freundin darf das Eheleben nicht stören! Es kommt auch nicht
in Frage, dass die Freundin dem Manne vorgezogen wird.
Zum Beispiel: Er nimmt sich einen Abend frei, um mit
seiner Frau etwas zu unternehmen, aber ihr ist dies nicht
möglich, weil gerade die Freundin „vorbeigekommen"

ist (für den ganzen Abend). Einer Freundin, die diesen Namen verdient, muss man (wenn sie nicht selbst darauf kommt) in aller Freundlichkeit erklären können, dass man nun eine „Verabredung" hat, die man unbedingt einhalten möchte – mit dem eigenen Ehemann.

Auch bei einem Mann können Freundschaften Flucht sein, Flucht aus Enttäuschung, Langeweile oder sogar Rache.

Echte Freundschaften aber machen den Einzelnen reicher und reifer für die Pflichten und Aufgaben des Lebens. Reifer auch für die Ehe. Frauen sollen „Lehrerinnen des Guten sein" (Tit. 2, 3); wie viele wertvolle Freundschaften könnten unter diesem Aspekt entstehen!

Über solche Freundschaften wird sich der Ehepartner freuen, solche förderlichen Beziehungen wird er auch unterstützen. Destruktive Freundschaften sollte man schnellstens beenden!

## Dankbarkeit

Auch die Frau kann durch Gleichgültigkeit ihren Mann verletzen und entmutigen. Besteht nicht auch bei Ihnen die Gefahr, dass Sie vieles an Ihrem Gefährten selbstverständlich hinnehmen? Wann haben Sie sich zum letztenmal bei Ihrem Mann für seinen Arbeitseinsatz bedankt, für sein Monatsgehalt, für seine praktische Fürsorge, für seine – vielleicht oft unbeholfenen – Versuche, Ihnen ein Kompliment zu machen oder durch ein Geschenk eine Freude zu bereiten?

Undankbar ist eine Frau auch, wenn sie meint, ein Recht auf ein Geschenk, ein Essen im Restaurant, einen Blumenstrauß oder ein Kompliment zu haben. Seien Sie dankbar, nicht fordernd!

Am Anfang ihrer Ehe ließ eine Frau oftmals durchblikken, dass ihr Mann ab und zu mit Blumen nach Hause kommen sollte. Solange der Mann aber ihre heimliche Forderung spürte, war er unfähig, dies zu tun – einfach deshalb, weil er Angst vor einer sterilen (oder gar geheuchelten) Dankbarkeit hatte. Wie kann man auf ein Recht pochen und gleichzeitig dafür von Herzen dankbar sein?!

Einst lebte ich, fest an mich selbst gebunden;
da hat Er eine Lösung gefunden!

Ich wusste wohl um Versagen und schuldhaftes
Leben;
da hat Er mir Hoffnung gegeben!

Ich sehnte mich raus aus meiner
Vergänglichkeit!
Auch da hat Er mit befreit!

Und meinem Sehnen nach ewigem Leben
hat Er Erfüllung gegeben:
Er, der „Weg, die Wahrheit und das Leben!"

*Elisabeth Adam*

# Mit Freuden Frau sein

*„Ich behaupte, dass nicht die Frau (emanzipiert) ist,*
*die sich dem Mann angleicht,*
*sondern diejenige,*
*die sich gerade in ihrem Anderssein als Frau*
*voll bejaht."*
*(Ingrid Trobisch)*

Seit einiger Zeit findet ein Großangriff auf die Stellung der Hausfrau und Mutter statt. In früheren Zeiten war es teilweise verpönt, den Beruf eines Naturwissenschaftlers auszuüben, heute ist es verpönt, Hausfrau zu sein. Ich möchte bei dieser zeitkritischen Bemerkung nicht ins Gegenteil fallen und daher unmissverständlich betonen, dass in manchen Ehen die voll- oder teilzeitliche Berufstätigkeit der Ehefrau absolut ihren Platz hat. Auch könnten manche Familien nicht überleben, ohne dass beide Elternteile – mindestens teilweise – einer Arbeit außer Hause nachgehen.

Jedoch wird andererseits in der Frau manchmal ein falsches Sehnen geweckt, dem Mann gleich zu sein: einen außerhäuslichen Beruf auszuüben, beruflich Karriere zu machen, selbständig Geld zu verdienen und unbelastet zu sein von Kinderbetreuung, Kochen und Putzen. Die Frau gibt ihrer Arbeit damit selbst den Todesstoß; denn es kann nicht wertvoller sein, im Beruf Karriere zu machen, als Kindern eine solide Lebensgrundlage zu vermitteln!

Es ist auch nicht interessanter, den ganzen Tag eine Maschine zu bedienen (auch wenn es ein Computer ist), Briefe zu tippen oder unentwegt das Ersatzteillager zu vervollständigen, als das Heim wohnlich zu gestalten, in Ordnung zu halten und die Familie zu versorgen. Logischerweise wird eine Frau unzufrieden, deprimiert und frustriert, wenn sie den hohen Wert und die einmalig wichtige Aufgabe ihres häuslichen Auftrages nicht erkennt. Automatisch sehnt sie sich dann nach außerhäuslichen Aufgaben und hasst ihr Hausfrauendasein.

Es trifft aber nicht zu, dass Hausfrauenarbeit etwas Geisttötendes sei. Ist man dennoch dieser Ansicht, so liegt dies nicht an der Arbeit, sondern an der Person, die diese Arbeit verrichtet. Zu einer richtigen rationellen Haushaltsführung gehört nämlich weit mehr, als vor allem Männer meist vermuten. Eine Hausfrau muss alles gut durchdenken, vorsehen, planen, in den rechten Zusammenhang bringen, Prioritäten setzen, einteilen und organisieren. Dabei müssen manchmal ganz verschiedene Aufgaben gleichzeitig bewältigt werden: während des Kochens gilt es gleichzeitig das Baby zu hüten, zu bügeln, das Telefon zu bedienen oder einen Lieferanten zu bezahlen – und dies alles richtig, gut und in der denkbar kürzesten Zeit.

Mancher Mann würde davonlaufen, wenn er in seinem Betrieb gleichzeitig so viele verschiedene und oft recht anspruchsvolle Arbeiten zu erledigen hätte; und zwar jeden Tag neu! Mehrere Arbeiten ordentlich in einer begrenzten Zeit überlegt zu erledigen, erfordert flinke Beine, geschickte Hände und ein waches, umsichtiges Denken.

Denken wir nur einmal an die Beschäftigung mit Kindern. Wie viele Männer werfen schon nach fünf Minuten das Handtuch, wenn sie versuchen, sinnvolle fördernde und (für die Kinder) interessante Spiele in Szene zu setzen!

Ein Kind körperlich zu pflegen, seelisch zu betreuen und geistig zu fördern ist eine der schwersten Aufgaben und eine vorzügliche Kunst. Nur wird sie leider wenig beherrscht, obwohl man weiß, dass gute Kindererziehung zum Wichtigsten gehört. Was in der Erziehung unterlassen wurde, ist fast nie mehr wettzumachen.

Es ist fatal, wie stümperhaft, mittelmäßig und unwissend Kindererziehung (Kinder-**ver**ziehung) betrieben wird. Hier wird in erster Linie der Hausfrau und Mutter eine Aufgabe gestellt (wobei der Vater an der Kindererziehung nicht unbeteiligt sein darf), die ganze Hingabe, viel Energie und Können erfordert. Neben dem wichtigen Fingerspitzengefühl kommt eine Mutter nicht drum herum, sich auch theoretisches Wissen anzueignen, Wichtiges über Kindererziehung zu lesen, Prinzipien zu erlernen, sich zu informieren. Und da möge noch jemand sagen: „nur Hausfrau und Mutter...“!

## Missverständnis: „Unterordnung“

*„Wie nun die Gemeinde Christus untertan ist,
so seien es auch die Frauen ihren eigenen Männern
in allem“
(Eph. 5,24),*

Auf viele Frauen wirkt dieser Vers wie ein rotes Tuch. Bei einem Vortrag in Luzern ist mir eine impulsive Dame noch in lebhafter Erinnerung: hochrot im Gesicht und nach Luft schnappend sagte sie so etwas wie: „Frauenfeindlichkeit! Machodenken! Totaler Unsinn!"

„Wie machen Sie denn das in der Ehe?" fragte ich beschwichtigend.
„Ich lasse keinen Zweifel darüber aufkommen, dass ich weiß, was ich will – und es auch tue, ob's meinem Mann passt oder nicht!"
„Und ihre Ehe?"
„Die ist schon lange kaputt!"

Begriffe wie „Unterordnung" in der Heiligen Schrift werden meist falsch verstanden. Wir sollten zuerst mal nachforschen, was damit überhaupt gemeint ist, bevor man solche Anweisungen in Bausch und Bogen verwirft. Gott meint es gut mit uns. Seine Anweisungen und Ordnungen sind psychologische Kostbarkeiten und die besten Ratschläge für ein harmonisches Zusammenleben – für den, der darauf eingeht.

Zu diesen Anweisungen gehört auch der Gedanke der Unterordnung der Frau in der Ehe. Diese Anweisung darf aber keineswegs losgelöst werden von den anderen göttlichen Gedanken über die Ehe. Eine harmonische Ehe sieht Gott darin, dass der Mann, der unter der Autorität Christi lebt, von seiner Frau ergänzt wird (wobei sie als Team funktionsfähig werden), was dann den Mann wiederum dazu veranlasst, seine Frau so zu lieben und zu pflegen „wie Christus die Gemeinde, für die er sich selbst hingegeben hat". Beide, Mann und Frau, sind im Bilde Gottes geschaffen (1. Mose 1,26). Keinerlei Erniedrigung für die Frau kann man dadurch ablesen. Die gleiche Ehre,

ein gemeinsamer Auftrag (*„macht euch die Erde untertan"* – V. 28) wird beiden gegeben.

Eine weitere Bestimmung der Frau heißt, sie soll eine
„Gehilfin" des Mannes sein (l. Mose 2,18); besser übersetzt: ein Gegenüber. Schon hier beginnen einige Zeitge-
nossinnen die Nase zu rümpfen. Sie kennen die Ehre, die
Würde, den Segen des Helfens nicht mehr. Der Materia-
lismus, der sich alles bezahlen lässt, der ausbeuten und
herrschen möchte, hat unser Empfinden angefressen und
das Helfen zu einem Wort des Ärgernisses abgewertet.

Gehilfin sein (ein „Gegenüber" sein) ist jedoch keine Erniedrigung für die Frau; hier wird keine Minderwertigkeit der Frau proklamiert, sondern – ganz im Gegenteil! –
auf die Hilfs- und Ergänzungsbedürftigkeit des Mannes
hingewiesen! Er braucht ein Gegenüber – welch wichtige Aufgabe ist doch dieses „um ihn sein"! Welch ehren-
volle Stellung bei einem Menschen, den man liebt (bei
dem man sich entschieden hat, ihn zu lieben).

Unterordnung hat absolut nichts mit einem Sklavendasein
gemeinsam, wodurch die Frau mit eiserner Kette an den
„Pascha" gebunden wäre, der sie ge- und missbrauchen
könne, wie er wolle. Nie dürfte die Frau ihre Meinung
sagen; sie hätte nur zu gehorchen. Eine solche Einstellung hat mit der biblischen Anweisung von Unterordnung
nicht im entferntesten etwas zu tun. Unterordnung ist eine
innere Haltung, eine persönliche Einstellung, die sich
natürlich ebenfalls auch in Handlungen ausdrückt.

Viele Frauen wollen diesem biblischen Befehl Folge leisten.
Sie tun, was der Mann sagt, gehorchen stumm – meistens
aber voll innerer Rebellion. Einfach alles zu dulden hat nichts
gemein mit dem freiwilligen Unterordnen. Hier wird man

auch keine Harmonie erleben. Unterordnung heißt für die Frau: das Vertrauen auf Gott setzen und aus diesem Glauben heraus sich nicht missbrauchen sondern ihrem Mann Gehilfin sein zu wollen!

„Sie kennen meinen Mann nicht! Da lässt sich das Unterordnen nicht praktizieren, weil er seine Familie nicht führen kann", entgegnete eine in ihrer Pfarrgemeinde angesehene Christin während eines Eheseminars in Tirol. Die Dame hatte jedoch offensichtlich den Begriff Unterordnung völlig falsch definiert und zudem eine märchenhafte, unrealistische Erwartung damit verbunden.

Ich zweifle nicht daran, dass viele Männer keine Ahnung von ihrer Stellung in der Ehe haben. Sie als Ehefrau sollten jedoch Ihre Hoffnung nicht auf den Mann setzen und ein „vollkommenes Haupt" erwarten, sondern auf Christus, und aus diesem Vertrauen heraus dieses Glaubensexperiment der Unterordnung eingehen. *„Denn so haben sich vorzeiten auch die heiligen Frauen geschmückt, die ihre Hoffnung auf Gott setzten und ihren Männern untertan waren"* (l. Petr. 3, 5).

Das Vertrauen richtet sich also interessanterweise nicht auf den Ehemann, sondern auf den allmächtigen Gott, der auch in unseren Alltag hinein wirksam werden möchte. Doch geben wir Ihm diese Möglichkeit überhaupt?

Aus dieser vertrauensvollen Haltung heraus kann eine Frau ihren Mann wirklich lieben; d.h. das Beste für ihn suchen, seine Bedürfnisse in Erfahrung bringen und auch stillen – also dieselbe grundsätzliche Aufgabe erfüllen, wie sie auch der Mann seiner Frau gegenüber hat, und dabei erleben, dass man durch Beschenken und Geben selbst beschenkt wird. Praktisch kann dies auch zum Ausdruck kommen durch:

## *Liebevolles Anpassen*

Wenn zwei Individuen zusammenleben, gibt es automatisch Interessenskonflikte. Am Samstagabend möchte der Mann ins Hallenbad gehen, die Frau aber lieber zu Hause bleiben. Die Frau hätte gerne eine Urlaubsreise unternommen, der Mann aber will für ein neues Auto sparen. Sie hat abends Lust, im Städtchen zu bummeln und anschließend ein Eis zu essen, er aber ist zu müde. Sie möchte über Ostern die Eltern besuchen, er an einem Familienseminar teilnehmen. Sie möchte sofort über bestimmte Konflikte reden, er aber zuerst die Zeitung durchblättern. Sie sehnt sich nach einem Spaziergang, er möchte das spannende Buch fertig lesen.

„Löst" man diese Konflikte, indem man grundsätzlich getrennte Wege geht, werden sich die Eheleute unweigerlich auseinanderleben.

Welch ein Segen entsteht nun aber daraus, wenn sich ein Partner dazu entschließt, sich liebevoll anzupassen?! Die Frau kann beispielsweise dem Mann die Entscheidung überlassen, nachdem sie ihm ihr Empfinden mitgeteilt hat. Lieben heißt hier für sie, sich freiwillig anzupassen im Vertrauen auf die Führung Gottes über ihrem Mann. Der Mann wird normalerweise auf eine solch liebende Haltung mit Dankbarkeit reagieren und die Wünsche seiner Frau engagiert beachten. Diese Erfahrung macht man meist deshalb nicht, weil man die Voraussetzungen dafür nicht erbringt, weil man dieses liebevolle Anpassen nicht zu praktizieren wagt aus Angst, zu kurz zu kommen.

Viele Frauen merken nicht, dass sie durch ihre rebellische Art den Mann zur Resignation im Hinblick auf seine Führerschaft getrieben haben. Nun lässt er einfach „den

Karren so laufen, wie er läuft" und flieht vor der Verantwortung (bzw. der Führung, die ihm die Frau zuschustert,
solange sie nichts Gegenteiliges will).

Geben Sie Ihrem Mann zu verstehen, dass Sie bereit sind,
sich ihm anzupassen, dass Sie seine Entscheidung akzeptieren und froh sagen werden: „Ja, das machen wir!" Ihr
Mann wird diese Wahlfreiheit meistens so schätzen, dass
er seine Entschlüsse sorgsam abwägt und nicht töricht
handelt. In dieser Atmosphäre kann man wirklich auch
nüchtern etwas besprechen, statt sich zu bekämpfen.

Wie anfangs schon erwähnt, möchte ich nochmals betonen: die praktischen Beispiele sind austauschbar. Die
*Prinzipien* gelten grundsätzlich für Mann *und* Frau. So
lesen wir auch im Epheserbrief (Eph. 5,21), dass sich
Mann und Frau **einander** unterordnen sollen.

### Einander unterordnen oder Rechthaberei ?

In einer Ehe kann es zu Fehlentwicklungen der Partnerschaft kommen. Schuld wurde nicht bereinigt, der Freiraum nicht in liebevollem Einverständnis gegenseitig
gewährt. Daraus entsteht eine Ehe, in der kleine Stiche-
leien vorherrschen, in der man seine schlechten Gewohnheiten wuchern lässt wie Disteln auf einem unordentli-
chen Acker. („Es ist ja mein Recht, mich so zu verhalten.") Vorsicht! Von dem Zeitpunkt an, wo man sich auf
seine Rechte beruft, geht es in der Ehe bergab. Aus einer
solchen Einstellung entsteht eine Kampfsituation. Jeder
will Recht haben und behalten, jeder seine Meinung
durchbringen. Jeder greift zu seinen Waffen, um zu do-
minieren. Die Frau schmollt, weint, versagt geschlechtliche Gemeinschaft, der Mann versprüht schlechte Laune,
gibt sich gereizt, schweigt, zieht sich zurück oder ver-

sucht, mit kleinen Hänseleien über Aussehen und Verhalten die Partnerin zu verletzen – was auch stets gelingt!

Nichts mehr ist von der biblischen Aufforderung übriggeblieben „einander untertan zu sein". Die Meinung und der Wille des andern werden nicht mehr respektiert, und man gibt auch nicht mehr nach. Daraus entstehen immer größere negative Gefühle – bis es zu seelischen Vulkanausbrüchen, zu Groll und Bitterkeit kommt. Hier müssen Sie die Notbremse ziehen! Vielleicht können auch durch ein Gespräch mit einem Berater oder Seelsorger die giftigen Stacheln aufgedeckt, erkannt und beseitigt werden.

Machen Sie sich auch bewusst, wo Sie in erster Linie negative Gefühle entwickeln: wenn mein Ehegefährte mich um langweilige Dinge bittet? Wenn er mich auffordert, sparsamer zu leben? Wenn er mich bittet, mich geschmackvoller zu kleiden oder mit einer Gewohnheit zu brechen oder etwas zu tun, das ich sowieso tun wollte oder gewisse Dinge sofort zu tun, die ich lieber später tun würde? Oder wenn er mir zu verstehen gibt, dass er intim sein möchte oder sich die sexuelle Liebe phantasievoller wünscht? Decken Sie solche Situationen auf und reden Sie dann offen und ehrlich darüber.

## Sich schenken

*Die Liebe allein versteht das Geheimnis,*
*andere zu beschenken*
*und dabei selbst reich zu werden."*
*(C. Brentano)*

Zeigen Sie Ihrem Mann Ihre Liebe, indem Sie sich ihm schenken. Wem schenken Sie beispielsweise Ihre Schönheit? Legen Sie nur dann ein vorteilhaftes Make-up auf, wenn Sie ausgehen. Tragen Sie dann Ihre schönsten Kleider, wenn Sie jemanden besuchen? Dann wird Ihr Mann das sichere Gefühl bekommen, dass er Ihnen nicht so wichtig ist. Wie kann er auch anders denken, wenn er sieht, wie Sie sich zurechtmachen, bevor Sie zum Arzt gehen, ihn aber mit einer schmutzigen Küchenschürze und zerzaustem Haar empfangen, wenn er nach Hause kommt? Oder wenn er Sie in hübschen Kleidern sieht, weil Sie vorhaben, ein Kaffeekränzchen bei Ihrer Freundin zu besuchen? Am nächsten Abend aber leisten Sie ihm wieder im abgeschossenen, ausrangierten Kleid Ihrer älteren Schwester Gesellschaft, das man fürs Haus schon noch tragen kann. Fürs Haus schon, aber nicht für Ihren Mann! Wenn Sie Ihren Mann lieben wollen, dann machen Sie sich für ihn hübsch!

Liebe will den andern erfreuen! Überlegen Sie, mit welch frischer Erscheinung Sie heute abend Ihren Mann überraschen können. Er wird es sehr schätzen und viel lieber nach Hause kommen, wenn er einer Frau begegnet, die sich für ihn hübsch gemacht hat, anstatt einer „triefenden Dachtraufe", wie es Salomo in den Sprüchen so treffend ausdrückt.

Sie als Ehefrau bestimmen meistens die Atmosphäre des ganzen Abends – je nachdem, wie Ihr Mann von Ihnen empfangen wird. Auch ein abgespannter, mürrischer Mann wird neben einer hübsch zurechtgemachten, duftenden und freundlichen Frau seine trübsinnige Stimmung nicht lange behalten können. Probieren Sie's, und haben Sie Geduld, wenn's nicht gleich umwerfend klappt. Es lohnt sich auf jeden Fall!

## Die Schönheit einer Frau

*„Ich gehöre meinem Geliebten,*
*und sein Verlangen steht nach mir!"*
*(Hohelied 7, 11)*

Für das Gesicht, das wir in die Wiege mitbekommen haben, können wir nichts. Am Gesicht, das wir jetzt und in Zukunft haben werden, gestalten wir sehr wohl selbst mit. Nicht nur mit Make-up, sondern vor allem mit unserem Ausdruck. Und gerade der ist es, der eine Frau schön macht. Eine etwas lange Nase oder schiefe Zähne oder große Ohren – all dies kann der Schönheit, die durch den Ausdruck kommt, nichts anhaben. Und woher kommt der Ausdruck? Es ist der Spiegel unserer Seele. Ein heiteres, friedfertiges, ausgeglichenes, dankbares Inneres prägt unseren Ausdruck. Seien Sie daher „schön"!

Gott hat Ihren Körper auch mit sehr viel natürlicher Schönheit ausgestattet. Bedenken Sie: Gott hat ihn geschaffen! Selbstverständlich versucht der Gegenspieler Gottes sämtliche Taten des Schöpfers zu verzerren, zu pervertieren. Weil dies viele Christen (zurecht) sehen, fallen sie auf einen anderen plumpen Trick herein, fallen sie gleichermaßen auf der anderen Seite vom Pferd, indem sie die Schönheit des Körpers völlig unbeachtet lassen oder sogar als „weltlich" hinstellen. Dabei vergessen sie (auch im Bezug auf Kleidung), dass Gott ja Form und Farbe geschaffen hat, dass er eine Wiese mit tausenderlei fröhlichen Farben überzieht und Freude hat an harmonischer Vielfalt, an Schönheit.

Der Geist des fundamentalistischen Islam zum Beispiel, wo Frauen Schleier und dunkle Kleidung tragen müssen, widerspricht dem Geist des frohmachenden Evangeliums.

Eine Frau, die sich pflegt und hübsche, geschmackvolle Kleidung anzieht, ehrt damit ihren Schöpfer.

Auch im Buddhismus bei den 10 Geboten des Buddha finden wir denselben widergöttlichen Geist: (8.) Verbot von Blumenschmuck, Parfüm, Schminke und Schmuck; (9.) Verbot bequemer Schlafweise etc.

Gesicht und Kleidung sollen also Ausdruck des inneren Menschen sein. Daher ist es auch ganz in Ordnung, mit Geschmack und Anstand Make-up zu verwenden, um dem Liebenswerten der Seele zu helfen, sich im Formausdruck des Körperlichen darzustellen.

Wo man jedoch versucht, Gemeinheit, Lüsternheit oder Geistlosigkeit zu übertünchen, da ist Lüge und Schwindel. – Es fällt aber auch nur der darauf herein, der aus lasterhaften Motiven darauf hereinfallen will. Der schöne Gesichtsausdruck, den man geschmackvoll verstärkt, ist grundsätzlich verschieden vom Farbkasten-Gesicht einer Frau, die ihre Stumpfheit zu verdecken sucht. So offensichtlich verschieden, dass Salomo (und der sollte es wohl wissen) sagt: *„Einer Sau mit einem goldenen Nasenring gleicht ein hübsches Weib ohne Anstand"* (Spr. 11,22). Liebe Ehefrau, Sie dürfen und sollen schön sein!

Auch die Kleidung soll Ihr innerstes Wesen ausdrücken. Ist Ihr innerstes Wesen farblos, grau und trübe oder froh, glücklich und erfüllt? Ihre Kleidung sollte eine persönliche Note haben. Wer sich nur nach der Mode richtet, kleidet sich automatisch hässlich; denn man kann sein Inneres, das in der Kleidung zum Ausdruck kommen soll, nicht quartalsweise ändern. Genausowenig, wie Sie Ihre Frisur oder Ihre Haarfarbe quartalsweise ändern können, ohne dass dabei Ihre Unstetheit, Leere, Unsicherheit und

Unzufriedenheit zum Ausdruck kommen würde. Kann
man seinen Gang oder seine Schrift, die ja auch zum Teil
Ausdruck der Persönlichkeit sind, quartalsweise ändern?

*„Reine Mode ist nur etwas für Frauen,*
*die auf Persönlichkeit verzichten müssen,*
*weil sie keine besitzen und so völlig anspruchslos*
*gegenüber dem wirklich Schönen sind."*
*(Wilhelm Grune)*

Nach einem Eheseminar, das ich in Budapest hielt, kamen zwei Frauen auf mich zu, die einer geistlich sehr
engen und strengen christlichen Kirche angehörten. Eine
der beiden Damen sprach sehr gut Deutsch und übersetz-
te ihre Freundin, die sich gegen meine Ausführungen über
die „Schönheit einer Frau" wandte und Einspruch erhob:

„In 1. Petrus 3,3 heißt es: Euer Schmuck soll nicht der
äußerliche sein, mit Haarflechten und Goldumhängen und
Kleideranlegen, sondern der verborgene Mensch des Herzens... Und trotzdem raten Sie, dass eine Christin auf
Schönheit ihrer Kleidung achten soll?"

Da ich der Überzeugung bin, dass Gottes Anweisungen
stets sinnvoll und hilfreich für den Menschen sind, hatte
ich keine „Berührungsängste" mit solchen Bibelversen,
auf die man häufig und unzulässigerweise eine ganze
Verhaltenslehre aufzubauen versucht. So konnte ich ent-
gegnen:

„Im von Ihnen zitierten Vers werden Frauen darauf hingewiesen, zuerst auf ihren ‚inneren Menschen' zu achten. Wenn der innere Zustand erbärmlich ist, sollen sie
dies nicht mit Schmuck und schönen Kleidern zu über-
decken suchen.

Das heißt nicht, dass man sich überhaupt nicht um ein angenehmes, geschmackvolles Äußeres kümmern soll. Nein, Schönheit der Kleidung muss Ausdruck der Schönheit des inneren Menschen sein."

Oft hört man sogar, dass – aufgrund oben zitierter Stelle – „Haare flechten" oder „Goldschmuck" unbiblisch sei. Hier macht man aber plötzlich halt, denn beim dritten Punkt, dem „Kleideranlegen", würde nur allzu deutlich werden, dass die erwähnte Bibelauslegung eine Vergewaltigung dieser Verse darstellt. Oder will jemand behaupten, dass nur Nacktheit biblisch und Kleidertragen unchristlich sei? Nein, „Kleideranlegen" wird in einem Atemzug mit „Haare flechten" und „Goldumhängen" genannt!

Hier wird also klar, dass es um Prioritäts- und Gesinnungsfragen geht und nicht um eine grundsätzliche Berechtigungsfrage von „Haare flechten", „Goldumhängen" und „Kleideranlegen".

„Igen" (zu deutsch: „ja") meinte die Dame und nickte nachdenklich. Doch warf die zweite nette Dame hurtig ein: „Heißt es nicht, wir sollen niemandem ein Anstoß sein? Wenn ich mich nun aber hübsch mache und geschmackvoll kleide, können Männer dadurch verstärkt in Versuchung geraten. Das wäre aber doch nicht recht, nicht wahr?!"

„Wenn Sie sich hübsch machen", entgegnete ich, „und geschmackvoll kleiden (nicht aufreizend – was ja auch nicht geschmackvoll ist), ehren Sie dadurch Ihren Schöpfer, der Schönheit geschaffen hat. Das ist Ihre Verantwortung. Dass dadurch ein Mann verstärkt versucht werden kann, liegt nicht an Ihrer Schönheit, sondern am perver-

tierten Blick dieses Mannes. Ein christlicher Mann mit
einem gereinigten Blick wird Ihre Schönheit als solche
erkennen und Gott dafür loben. Ein Mann dagegen, der
eine verdorbene Phantasie besitzt, dessen „Augen voller
Ehebruch" (2. Petr. 2, 14) sind, wird Ihre Schönheit automatisch gedanklich beschmutzen und pervertieren. Die
Versuchung kommt hier in Wirklichkeit nicht von Ihrer
Schönheit, sondern vom sündhaften Herzen, von den verdorbenen Gedanken jenes Mannes. Und das ist dessen
Verantwortung!"

Zahlreiche Hinweise über den falschen und den gottge-
wollten Umgang mit Anfechtungen und Versuchungen
finden Sie im Buch „Gefühle - Diener oder Diktatoren?"
(vergl. Literaturhinweise im Anhang).

Die Lösung des Problems liegt also darin, dass ein solcher Mann einen Seelsorger oder christlichen Berater
aufsucht, der mit ihm arbeitet und ihm zeigt, wie die Gedanken und seine Phantasien wieder rein werden können. Das ist die biblische Lösung. Manche Mohammeda-
ner sehen die Lösung des Problems darin, die gott-
gegebene Schönheit ihrer Frauen vor den verdorbenen
Blicken der Männer total zu verbergen. Welche Knecht-
schaft! Welches Dilemma! Hüten wir uns davor, solchen
Geist in unseren christlichen Kirchen und Gemeinschaf-
ten zuzulassen!

„Keinen Anstoß geben" heißt ja stets: „Keinen Anstoß
zur Sünde" geben, also niemanden zur Sünde zu verführen. Das wäre sicher der Fall, wenn Sie beispielsweise
mit entblößter Brust einem Mann Zärtlichkeiten sagen
oder geben würden. Dadurch würden Sie unweigerlich
das sexuelle Verlangen eines Mannes reizen. Da könnten
Sie einen Anstoß zur Sünde geben. Geschmackvolles, fro-

hes Kleiden, Schönheit und Anmut locken aber **nicht** automatisch das sexuelle Verlangen eines Mannes. **Da** muss schmutziges Denken bereits vorhanden sein, Lüsternheit, die Gedanken und Phantasie regiert, um die geschmackvolle Schönheit einer Frau pervertiert zu betrachten...

## Freundin sein

*„Mein Freund ist mein, und ich bin sein,*
*der unter den Lilien weidet, bis der Tag kühl wird*
*und die Schatten fliehen."*
*(Hohelied 2, 16)*

Seien Sie Ihrem Mann eine Freundin. Geht das in einer Ehe überhaupt? Wie an anderer Stelle gezeigt, muss Freundschaft bereits vor der Ehe praktiziert werden und wachsen. Wenn sie dann in der Ehe weitergepflegt wird und weiterwächst, blüht ein wesentlicher Aspekt Ihrer ehelichen Gemeinschaft auf und bringt seine kostbaren Früchte.

Doch was heißt Freundschaft? Dies wäre ein Thema für ein separates Buch, doch in aller Einfachheit und Kürze kann man es – nach einer Definition von C.S. Lewis – so erklären: *Verliebte sitzen einander gegenüber und schauen sich tief in die Augen. Freunde stehen Seite an Seite und blicken auf ein gemeinsames Ziel!* Dieses gemeinsame Ziel verbindet und schafft gegenseitiges Vertrauen.

Antoine de Saint-Exupery drückt es ähnlich aus: *„Liebe besteht nicht darin, in den andern hineinzustarren, sondern darin, gemeinsam nach vorn zu blicken".*

Sie dürfen und sollen Geliebte Ihres Mannes sein, die ihm tief und liebevoll in die Augen schaut. Vergessen Sie aber

nicht, auch Freundin zu sein, die sich ihm zur Seite stellt
und nach vorne blickt.

Wie arm ist der Mann dran, der nur mit seinem Kamera-
den Ideen entwerfen (und verwerfen), Pläne ergänzen und
korrigieren und gespannt darauf warten kann, was wohl
daraus werden wird. Ja, am Anfang der Ehe hat der Mann
seine Gedanken vielleicht noch offen vor seiner Ehehälf-
te ausgebreitet. Er hat ihr vorgeschwärmt und vorgerech-
net, Befürchtungen verraten und überschwenglich seine
Siege mitgeteilt. Und jetzt sitzt er vielleicht oft gedan-
kenverloren beim Abendbrot oder hat Zusammenkünfte
mit anderen Leuten. Wenn die Frau ihn fragt, was ihn
bewegt, antwortet er: „Ach, nichts Wichtiges." In Wirklichkeit meint er aber: „Für dich nichts Wichtiges!" In
dieser Situation ist die Frau keine Freundin mehr.

Wie kommt solch eine Entwicklung zustande? Meist dadurch, dass die Frau den Plänen ihres Mannes lächelnd
zuhört, ab und zu einen unintelligenten Einwand bringt,
ein paar zerstreute Anmerkungen macht und unbedeutende
Fragen stellt, unterbrochen von verstohlenem Gähnen, so
dass der Mann bald merkt, dass echtes Interesse ja gar
nicht vorhanden ist. Er spürt, dass niemand an seiner Seite steht, der dasselbe Ziel, denselben Plan im Auge hat.

Die Frau schneidet vielleicht – als Bestätigung – ein anderes Thema an: Haushalt, Nachbarn, Mode oder die Ver-
wandtschaft, die am nächsten Sonntag zum Essen eingeladen hat.

Ja, und dann, nach einer Weile, spricht er gar nicht mehr
von seinen Ideen und Träumereien, von seiner Tätigkeit
und seinen Befürchtungen. Er erkundigt sich nach der Ver-
wandtschaft und ob diese wieder einmal zum Essen kom-

men möchte, erzählt ebenfalls von Nachbars jungen Kätzchen und den Kindern, die neu zugezogen und recht ungezogen sind.

Themen in Fülle – und mittendrin merkt sie, dass der Mann verstohlen auf die Uhr schaut oder mit einem Auge die Zeitungsschlagzeilen liest. Da wird sie wütend und fühlt sich vernachlässigt. Und er zieht den Mantel an und geht zu seinem Kollegen, seinem Freund – weil er keine Freundin hat.

Streben Sie danach, liebe Ehefrau, die Freundin Ihres Mannes zu sein, nicht nur Heim und Bett mit ihm zu teilen, sondern auch seine Welt. Es ist dazu nicht nötig, die Betriebsanleitung einer neuen Maschine zu lesen, an der er arbeitet oder einen Computerkurs zu machen. Das wird wohl auch gar nicht erwartet. Eine Freundin aber teilt das Leben des Mannes in intelligenter, gütiger, empfindsamer Art. Er braucht Sie wahrscheinlich mehr, als ihm selbst bewusst ist. Ihre Ermutigung, Ihr Lob und Ihr Urteil sind ihm wichtiger und fördernder als fachmännische Urteile von Spezialisten. Vielleicht müssen Sie aber auch einmal ein Buch über Landwirtschaft in der Dritten Welt lesen, weil Gott Ihrem Mann diesen Bereich aufs Herz gelegt hat. Frauen, die nichts über Geschäft oder Kunst oder Beruf oder Politik hören können, verlieren die Freundschaft ihres Ehemannes, verspielen leichtfertig ihr Vorrecht, dem Mann ein Gegenüber zu sein.

Seien Sie auch Freundin (ein vertraulich Schulter an Schulter stehender Mensch), wenn Versagen, beruflicher Fehlschlag, Arbeitslosigkeit oder sonstige Nöte Ihren Mann ereilen. Wenn ihn alle im Stich lassen – da zeigt es sich, inwieweit Sie echte Freundin sind: *„Ein Freund liebt jederzeit, und in der Not wird er als Bruder geboren"* (Sprüche 17, 17).

Nochmals: die Prinzipien sind für Mann und Frau dieselben. Doch individuell verschieden ist die Gewichtung der einzelnen Aspekte. Individuell verschieden ist auch die „Sprache der Liebe". Für den einen bedeutet Lob und Anerkennung sehr viel, der andere wird vielleicht durch das Einheitserleben mehr ermutigt. Bereits hier wird sehr deutlich, dass Lieben lernen ein ständiges Lernen sein und bleiben muss. Andernfalls werden sich negative Gefühle breit machen statt der erhofften Liebes-Gefühle.

## Taktgefühl

Negative Gefühle entstehen beispielsweise auch durch Mangel an Taktgefühl. Takt ist ein weiterer Ausdruck von Liebe. Wenn Liebe da ist, dann ist auch Taktgefühl da. Takt wirkt gründlich gegen gedankenlose, selbstsüchtige Rücksichtslosigkeit. Doch Taktgefühl zu entwickeln heißt Arbeit, oft Schwerarbeit. Es nützt nichts, wenn man plötzlich versucht, über mangelndes Taktgefühl „gute Formen" zu stülpen. So etwas hält nicht. Die gedankenlose Selbstsüchtigkeit frisst sich sehr schnell durch dieses formelle Kleid. Taktgefühl zu entwickeln bedeutet, einen praktischen Kampf zu führen gegen Bequemlichkeit, Gereiztheit, Launen, Stümperhaftigkeit, Stimmungsschwankungen u.a.

Taktgefühl zeigen heißt: beim Zuhören die Zeitung weglegen; beim Essen flinke Hände haben, um den anderen zu bedienen; einen Gang in den Keller für den anderen tun, eine schwere Tasche tragen, in den Mantel helfen, die Tür öffnen und den Vortritt lassen. Taktgefühl verhindert auch, dass man (im Gegensatz zu Luthers Zeiten) ungeniert „rülpst und furzt"; Taktgefühl verhindert, dass man die Klotür offenstehen oder die getragenen Socken auf dem Tisch liegen lässt. Taktgefühl bewirkt, dass man seine Frau vorstellt, wenn man mit ihr zusammen einem Bekannten begegnet, dass man appetitlich isst, dass man seiner Frau (mindestens) beim Geschirrwegräumen hilft, dass man die Kilos des kleinen Sprösslings selbst trägt und bei einer Veranstaltung stets zuerst seine Frau einen Platz einnehmen lässt, bevor man es sich selbst bequem macht.

# Ganzheitliches Angenommensein

*„Nehment einander an,*
*gleichwie auch Christus euch angenommen*
*zur Ehre Gottes."*
*(Römerbrief 15,7)*

Ein wesentliches Bedürfnis eines Ehepartners – überhaupt eines jeden Menschen – ist es, dass das Gegenüber ihn zutiefst annimmt, ganzheitlich akzeptiert.

Es gibt eine Phase in der Ehe, in der unser Blick füreinander besonders geschärft wird, wo auch die letzten rosaroten Brillengläser in die Brüche gehen und die Eheleute einander „erkennen", wie sie wirklich sind: mit ihren dunklen Stellen, üblen Gewohnheiten, Schwächen und Hindernissen, mit ihren charakterlichen Mängeln und verschrobenen Eigenarten und Denkweisen.

Hier erlebt man eine Zeit der „Entschleierung", ja der Ent-Täuschung. Der Zauber des Ehegefährten, seine Taufrische geht verloren. „Damals", seufzt der Ehepartner, „wie war es doch damals so schön..." Und weil das Gefühl bei dieser „Entschleierung" mehr beteiligt ist als der gesunde Menschenverstand, sind es oft auch die Ehefrauen, die zuerst von diesem Gefühl der Enttäuschung überwältigt werden. Sie merken plötzlich, dass ihre Lieblingsschallplatte auch eine B-Seite, eine Rückseite hat, mit Melodien, die einem nicht so gefallen. Und sie machen den entscheidenden Fehler: ihre Augen der Liebe, die damals fast nur die Tugenden ihres Verehrten, seine Vorzüge, seine Ritterlichkeit gesehen haben, sehen jetzt schärfer: allerdings die Unvollkommenheiten, die Unzulänglichkeiten, die charakterlichen Schwächen und Fehler des Mannes. „Wie hast du dich verändert" wirft sie ihm vor. Er reagiert natürlich mit der Behauptung, er sei schon immer so gewesen, aber sie, ja, sie würde jetzt anfangen zu nörgeln, zu kritisieren und ihn abzulehnen.

Gerade hier ist es dann wichtig, dem Partner Spielraum zu gewähren, soweit es sich mit den Pflichten einer gemeinsamen Ehe vereinbaren lässt. Gerade hier ist es wichtig, rücksichtsvoll zu sein und zu wissen, dass in der Ehe keine „Umerziehungsversuche" gestartet werden dürfen, dass auch keine „Umerziehung" mehr möglich ist, nur noch eine Umstellung aufgrund freiwilliger Liebe.

Unser natürlicher Mensch, sagt die Heilige Schrift, ist sündhaft und bleibt zu jeglicher Schandtat fähig. Das müssen auch Eheleute voneinander erkennen. Und da gibt's sehr oft diese Ent-Täuschungen. Doch enttäuscht kann nur werden, wer sich einer Täuschung hingegeben hat. Es gilt also, nicht jener Täuschung zu erliegen, die uns vorgaukelt, wir (oder unser Ehepartner) seien grundsätzlich „gut". *„Niemand ist gut als nur Gott allein"*, sagt Jesus im Lukasevangelium 18, 19.

So stehen wir als Eheleute tatsächlich „nackt" voreinander, ohne „Feigenblätter", die unsere Schwächen und Mängel verdecken. Feigenblätter haben es an sich, zu verdorren und abzufallen. Um so wichtiger ist es dann (um bei diesem Bild aus 1. Mose 3 zu bleiben), dass wir uns mit den Opfertier-Fellen Gottes bekleiden lassen, Gottes Vergebung annehmen und dem Partner weitergeben; Gottes Liebe empfangen und weiterreichen...

Wer Liebe nur als Pflichterfüllung sieht,
skalpiert die Liebe;
wer sie nur als Gefühl kennt,
fällt einer Fata Morgana zum Opfer;
wer Liebe auf Geschlechtlichkeit reduziert,
pervertiert ihre Ganzheitlichkeit;
und wer sie nur platonisch sieht,
seziert sie mit einem Skalpell.

*Josef Ebstein*

# Und vergib uns unsere Schuld

*„So gibt es nun keine Verdammnis mehr für die,
die in Christus Jesus sind"
(Römerbrief, 8,1),*

Gottes Liebe kann nur fließen, wenn Vergebung da ist,
wenn die Schuldfrage im Menschenleben geklärt ist. Daher ist die Tatsache der göttlichen Vergebung von größter
Bedeutung. Weil Jesus Christus die Strafe für alle Schuld
bezahlt hat, ist „in ihm"– so schreibt der Apostel Paulus
– Vergebung. Wer sich also ihm anvertraut (glaubt), sich
ihm ausliefert, sich ihm durch eine willentliche Entscheidung unterstellt, der darf diese vollbrachte Tat Jesu für
sich persönlich in Anspruch nehmen. Seine ganze Sün-
denlast darf ein Mensch auf seinen Erlöser Jesus Christus werfen und dessen Vergebung dankbar annehmen.

Das ist grundlegend wichtig für eine Ehe. Ein Ehepartner, der persönlich die Vergebung in Jesus Christus empfangen und erfahren hat, kann auch seinem Ehegefährten
Vergebung weitergeben. Eine Ehe muss auf der Grundlage der Vergebung stehen, um harmonisch funktionieren
zu können!

Jeder von uns wird an seinem Ehepartner (doch fast täglich!) schuldig. Und diese Schuld baut Barrieren auf, Schranken zwischen ihm und ihr, Schranken auch zwischen Eltern und Kindern.

Wer nun für seine persönliche Schuld Vergebung erfahren hat, der vergibt auch dem andern – sogar ohne zu warten, bis sich der andere schuldig spricht und sich vielleicht entschuldigt. Nein, ein Christ teilt Vergebung aus! „Das ist nun zwar sehr bitter und unrecht", denkt der Christ, „doch im Namen Jesu, der mir selbst alles und völlig vergeben hat, vergebe auch ich meinem Gefährten dies und jenes und weigere mich, weiterhin an diese Sachen zu denken!"

Ich erinnere mich noch, wie ich an einem hektischen Abend zu einem Vortrag ins Allgäu fuhr und von meiner Frau mit ein paar recht lieblosen Worten Abschied nahm. Beim Autofahren wurde mir eindrücklich klar, dass ich an meiner Frau schuldig geworden war. Dieser Umstand bedrückte mich sehr – und dies vor einem Vortrag über das Thema der erfolgreichen Beziehungen! Meine Frau konnte ich telefonisch nicht mehr erreichen. Ich bat innerlich Gott um Vergebung und – was mir so hilfreich in unserer Ehe ist – ich wusste auch, dass mir meine Frau bereits vergeben hatte! Diese Gewissheit machte mich sehr dankbar und innerlich wieder froh.

Spät am Abend, als ich meine Frau wieder in die Arme schloss und mich für mein Verhalten entschuldigte, meinte sie: „Aber du weißt schon?...!" „Ja", antwortete ich, „ich weiss, dass du mir bereits vergeben hattest, und eben diese Gewissheit hat mir heute Abend besonders geholfen!"

Beim nüchternen Entdecken der Mängel des Andern braucht es viel Feingefühl, Takt und ehrfürchtige, bewusste Liebe, um den Andern nicht zu verletzen und nicht die Achtung voreinander (und vor sich selbst) zu verlieren. Eheleute müssen hier äußerst wachsam sein, dass es nicht zu einer kritischen Zweiheit kommt, sondern dass auch die unschönen Seiten des Partners bewusst in die liebende Einheit der Ehe miteinbezogen werden. Es braucht hier Bereitschaft, voneinander lernen zu wollen, aber auch Geduld und vor allem Toleranz gegenüber der Begrenztheit des Ehepartners. Es bedarf eines neuen, bewussten Akzeptierens der Schwächen des Ehegefährten.

In einer Ehebeziehung muss vieles verarbeitet werden. Werden die Probleme und Spannungen einfach verdrängt (z.B. durch Flucht in verschiedene Aktivitäten) oder verschwiegen, verliert eine Ehe ihr Einheits-Erleben. Die Ehegemeinschaft kann wohl äußerlich erhalten bleiben (wobei auch hier oft der Grund zu außerehelichen Beziehungen zu finden ist), doch die tiefe innere Einheit geht verloren.

Gewöhnt man sich daran, Spannung zu entladen, indem man sich einfach sexuell zu betätigen sucht oder noch mehr arbeitet, um sich noch mehr leisten zu können (neue Möbel, Autos, technische Raffinessen, Urlaubsreisen) oder sich einfach „benebelt" mit irgendwelchen Aktivitäten, Vergnügungen oder Unternehmungen, so wird dies schlimme Folgen für die Zukunft einer Beziehung haben. Die Ehe wird leer und oberflächlich, die „Süchte" dagegen werden stärker, fordernder und lassen die Ehe in eine Abhängigkeit geraten, die zerstörerisch wirkt.

*„Unsere Mutter und Schwiegermutter pflegte zu sagen, dass jede Ehefrau ihren Mann mindestens zweimal bewusst heiraten muss, einmal am Hochzeitstag und dann*

*noch einmal, nachdem sie ihm und er ihr in der Ehe ver-*
*geben habe. Jede Frau kommt zu dem Punkt, an dem sie*
*ihren Mann als hoffnungslos aufgibt. An diesem Punkt*
*fasst sie einen neuen Entschluss, zu ihm noch einmal ‚ja'*
*zu sagen, obwohl sie jetzt erfahren hat, dass er ein hoff-*
*nungsloser Fall ist. Die Kraft zu diesem erneuten ‚ja'*
*erhält sie von Jesus Christus, der seine Feinde liebte und*
*für sie starb. Außerhalb dieser Gesinnung des Christseins*
*wird keine Frau die Kraft auftreiben, bewusst und in Lie-*
*be ihrem Mann innerlich treu zu sein. Die gleiche Praxis*
*muss auch der Mann seiner Frau gegenüber ausüben ...*
*ein Ehepaar muss immer wieder ‚ja' zueinander sagen,*
*auch wenn jeder Partner weiß, dass der andere hoffnungs-*
*los ist. Denn jeder, der erkannt hat, dass er ein Sünder*
*ist, weiß, dass er persönlich ebenso hoffnungslos ist."*
*(Prof. Dr. A.E. Wilder-Smith in „Kunst und Wissenschaft*
*der Ehe", S. 28).*

## Lieben oder Verklagen?

In fast jeder Ehe kommt es dazu, dass ein Partner das
Gefühl hat, zu kurz zu kommen. Man hat sich ja so vieles
ganz anders vorgestellt. Und nun erlebt man den Duft
des Bratens, aber auch der Windeln, den zärtlichen Blick
und den zusammengekniffenen Mund, die zuvorkommen-
de Höflichkeit und die egoistische Trägheit. Die Schwächen sind unübersehbar: *„Ich weiß, dass in mir, das ist in*
*meinem Fleische, nichts Gutes wohnt"* (Paulus in Röm.
7,18). Wie reagiere ich auf diese geoffenbarten Fakten?
Welche Haltung nehme ich meinem Partner gegenüber
ein?

Grundsätzlich gibt es auch hier eine biblische, gottgewoll-
te und eine sündhafte, zerstörerische, ja geradezu teufli-

sche Reaktion. Der Teufel, der Gegenspieler Gottes, wird in Offenbarung 12,10 der „Verkläger der Brüder" genannt, also ein Staatsanwalt, der Tag und Nacht die Sünden und Fehler des Angeklagten vor dem Richterstuhl ausbreitet. Wohlgemerkt: mit Recht! So hat denn kein Angeklagter eine auch nur geringe Chance, aufgrund seiner persönlichen Fakten freigesprochen zu werden: „Nichts Gutes..." muss die objektive Feststellung lauten.

Jesus Christus erscheint uns in der Bibel als Heiland, Retter, als Rechtsanwalt. Da er selbst die Schuld bezahlt und damit die Schuldfrage geklärt hat, kann sich der Angeklagte der Verdienste seines Rechtsanwaltes bedienen und der anklagende Staatsanwalt hat keine Angriffsfläche mehr: *„Ist Gott für uns, wer mag wider uns sein. Welcher sogar seines eigenen Sohnes nicht verschont, sondern ihn für uns alle dahingegeben hat, wie sollte er uns mit ihm nicht auch alles schenken? Wer will gegen die Auserwählten Gottes Anklage erheben? Gott, der sie rechtfertigt? Wer will verdammen? Christus, der gestorben ist, ja vielmehr, der auch auferweckt ist, der auch zur Rechten Gottes ist, der uns auch vertritt"* (Röm. 8,31–34).

Anhand dieser biblischen Fakten läßt es sich leicht feststellen, welcher Art meine Reaktionen sind, auf welche Seite ich mich mit meinem Verhalten stelle: werde ich zum Ankläger oder zum liebenden Rechtsanwalt?

Es gibt Ehepartner, die versuchen (meist ganz unbewusst), ihrem Gefährten ein schlechtes Gewissen zu bereiten. Mit kleinen Bemerkungen über das eigene Zu-Kurz-Kommen, mit heimlichen, anklagenden Blicken wird eine Atmosphäre der Anklage geschaffen, in der sich der andere Partner natürlich höchst unwohl fühlt. Auch wenn bestimmte Anklagen zu Recht bestehen: das Bereiten eines

schlechten Gewissens führt nie zu einer befriedigenden
Lösung.

Der Rechtsanwalt Jesus handelt ganz anders: er nimmt
die Dinge, die falsch liegen, wohl klar und unbeschönigt
zur Kenntnis und nennt sie beim Namen, doch seine Reaktion heißt: *Geborgenheit, Schutz, Vergebung.* Bei ihm
kann man sich wohl fühlen, genauso wie bei einem Ehepartner, der versucht, dem andern Mut zu machen, ihn
durch eigene Liebe und Vergebungsbereitschaft zu versuchen anzuspornen, statt ein schlechtes Gewissen her-
aufzubeschwören.

# Liebe und Gespräch

*Der stärkste Ausdruck*
*von seelisch-geistiger Gemeinschaft*
*ist das tiefgehende, offene Gespräch.*

Wenn wir mit Gott Gemeinschaft haben, so heißt dies, dass er zu uns redet (durch sein Wort, die Heilige Schrift bzw. die Bibel) und wir mit ihm reden dürfen (durch Gebet). Gemeinschaft, Gespräch heißt also reden und zuhören, heißt sich mit-teilen und die Mitteilung des andern aufnehmen. Das Gespräch gehört zu den entscheidensten Aspekten des Liebenlernens in einer Beziehung.

In Ehen, in denen das gemeinsame Gespräch abstarb, sind auch effektive Problemlösungen nicht mehr möglich. Gerade weil ein Gespräch so wichtig und hilfreich ist, wird es auch von schwerwiegenden Gefahren bedroht, mit oft unscheinbaren Pfeilen beschossen, die kleine aber folgenschwere Wunden hinterlassen.

## Gespräch bedeutet sich mit-teilen

Sich mitteilen ist für manche Ehepartner (besonders für einige Männer) alles andere als ein Bedürfnis. Gerade introvertierte Menschen haben große Mühe, sich mitzuteilen.

Die exzellente Eheberaterin Ruth Heil diagnostizierte *„die vorherrschensten Bedürfnisse eines Ehemannes sind: Anerkennung, ein gutes Essen und seine Ruhe…"*

Dass das Bedürfnis, sich mitzuteilen, oft fehlt, ist also keine Seltenheit. Für diese Leute beginnt das Sich-Mitteilen daher mit einem Entscheidungsakt: „Ich will mich mitteilen, auch wenn's mir kein Bedürfnis ist."

Schweigen braucht nicht nur Egoismus zu sein („Wofür ich kein Bedürfnis empfinde, das tu ich auch nicht…"), sondern kann auch als gemeine Waffe dienen. Wer schweigt, steht in Gefahr, dass er seinen Partner (vielleicht unbewusst) bestrafen, Rache an ihm nehmen oder ihn an einer empfindlichen Stelle treffen möchte.

Das Schweigen Gottes war im Alten Testament für das Volk Israel stets ein Zeichen des Gerichts. Das Sich-Nicht-Mitteilen Gottes war Strafe für das widerspenstige und götzendienerische Israel. Wer seinem Partner gegenüber schweigt, spielt sich als Richter auf, setzt sich an Gottes Stelle und mimt den Selbstgerechten. Dass dadurch der Schweigende nicht nur eine verwerfliche pharisäische Haltung einnimmt, sondern auch jegliche Problemlösung verhindert, dürfte klar sein. Schlimm dabei ist, dass dieser Pharisäer-Schweigende meistens meint, er sei im Recht, er hätte allen Grund dazu, den andern „zappeln" zu lassen und ihm Vorwürfe zu machen.

Wie beispielsweise ein Humorist die Episode einer Beziehung schilderte, in der die Frau einen Brief von ihrem Mann erhielt. Im Dabeisein ihrer Freundin öffnete sie ihn. Es kam nur ein leeres Blatt zum Vorschein. Auf den erstaunt fragenden Blick der Freundin entgegnete die Ehefrau: „Ach weißt du, wir sprechen schon seit einer Woche nicht mehr miteinander..."

Ohne das Sich-Mitteilen kann der Andere auch meine wirklichen wahren Bedürfnisse und die „Sprache der Liebe", die ich im besonderen Maße spreche, nicht entdecken und verstehen lernen. Missverständnisse und Fehl-Befriedigungen resultieren daraus. Dazu eine kleine Geschichte:

Ein Ehepaar feiert nach 25 erfüllten Ehejahren zusammen „Silberne Hochzeit". Morgens beim gemeinsamen Frühstück sind die beiden noch unter sich und stärken sich für den großen Tag. Beim Aufschneiden des Brötchens denkt die Frau so bei sich: „Seit 25 Jahren habe ich nun auf meinen Mann Rücksicht genommen und ihm immer das knusprige Oberteil des Brötchens gegeben. Heute will ich mir das gönnen und ihm das Unterteil geben!" So schmiert sie sich genüsslich das Oberteil und gibt ihrem Mann die untere Hälfte. Der ist hocherfreut und bedankt sich herzlich: „Liebling, du machst mir heute am Hochzeitstag die größte Freude! 25 Jahre habe ich dir das Brötchenunterteil gegönnt, obwohl ich es lieber selbst gegessen hätte. Aber ich habe es dir gelassen – aus Liebe!"

## Gespräch bedeutet zuhören

*„Wer antwortet, bevor er gehört hat,*
*dem ist es Torheit und Schande"*
*(Sprüche 18,13).*

Gerade dann, wenn man bestrebt ist, Liebe zu lernen, ist
das richtige Zuhören unerlässlich. Der Sinn des Gesprächs
besteht ja darin, dem Andern wirklich zu begegnen, den
Andern kennenzulernen. Nur wenn Sie sich dieses Ziel
zu eigen machen, werden Sie zuhören können.

Erinnern Sie sich noch an so manche Situation in der Kind-
heit, als Sie von einem Erwachsenen etwas wissen wollten
und eine tadellose Antwort erhielten – auf eine ganz andere
Frage?! Wie enttäuscht waren Sie da! Auch wenn Sie als
Erwachsener merken, dass man Ihnen nicht wirklich zuhört,
heißt das für Sie „Enttäuschung" und „Frustration".

Nur wenn Sie einem Andern zuhören, kommen Sie in
wirklichen Kontakt mit ihm; nur dadurch können Sie echten Anteil am Leben des Partners nehmen. Zuhören ist
der Schlüssel zum Verständnis, die Tür zum Herzen der
anderen Person.

Echtes Zuhören ist nicht möglich:

– wenn Sie von vornherein zu wissen glauben, was der
   Andere sagen wird;

– wenn Sie schon von vornherein ein Urteil oder eine
   „Diagnose" über den Andern gefällt haben;

– wenn Sie versuchen, nur das zu hören, was Sie hören
   wollen (unweigerlich werden Sie dann Aussagen so

verdrehen, dass diese das mitteilen, was Sie hören möchten, oder Sie legen dem Gesprächspartner sogar andere Worte in den Mund);

– wenn Sie den andern nicht „ausreden lassen" oder ihm keine Zeit dazu geben, seine Gedanken zu formulieren;

– wenn Sie sich während Ihres „Zuhörens" schon die eigene Antwort überlegen und zurechtlegen;

– wenn Sie dem Andern Ihren Willen aufzwingen wollen;

– wenn Sie nicht bereit sind, den Andern grundsätzlich als Mensch mit seiner Eigenart wertzuschätzen und zu akzeptieren;

– wenn Sie sich nur um sich selbst drehen!

*Echtes Zuhören ist ein wohltuender Ausdruck von Liebe!*

Sie möchten sich mitteilen, Sie möchten auch zuhören. Folgende Tips und Fragen von A. Getz könnten eine Hilfe sein für einen Einstieg ins tiefgehende, offene Gespräch:

**Fragen an den Partner**

1. Wenn du eine Sache nennen könntest, die dir an mir am meisten gefällt, was wäre das?
2. Worin liegt deiner Meinung nach meine größte Stärke?
3. Was kann ich dazu beitragen, dass du mehr Erfüllung erlebst?
4. Welche Sache in bezug auf meine Persönlichkeit oder auf mein Verhalten macht dir gefühlsmäßig am meisten zu schaffen?
5. Wenn du etwas bei mir verändern könntest, was wäre das?

Zu beachten: Wichtig ist, dass man die Antworten auf diese Fragen nicht beim erstenmal durchdiskutiert. Höre einfach hin, was für Antworten dein Partner gibt. Ihr braucht beide Zeit, um nachzudenken und um euch um Objektivität zu bemühen. Es ist sehr wichtig, dass du noch nicht darauf antwortest, was dein Partner sagt, auch wenn du es möchtest, besonders im negativen Sinne. Versuche auch, nichtverbale Reaktionen zu vermeiden, wie zum Beispiel entrüstet auf die Seite schauen oder überhaupt wegschauen. Nimm eine positive Haltung ein. Versuche, soviel als möglich zu hören, damit du wirklich verstehst, wie dein Partner denkt und fühlt.

Und Ch. Swindoll empfiehlt:

„Am besten reservieren Sie sich einen ganzen Abend. Sie können zu Hause bleiben, spazierenfahren oder sogar irgendwo übernachten. Der Ort ist nicht besonders wichtig, aber Sie müssen allein sein, damit Sie nachdenken, sich unterhalten und ohne Unterbrechung zusammensein können.

1. Verbringen Sie mindestens fünfzehn Minuten lang in der Stille. Denken Sie an vier Dinge, die Ihnen an Ihrem Partner besonders gut gefallen, und schreiben Sie sie auf. Hören Sie sorgfältig aufeinander.

2. Bevor Sie zu Bett gehen, setzen Sie sich mindestens zwei Hauptziele für Ihre Ehe. Beten Sie zusammen und bitten Sie Gott, dass diese Ziele Wirklichkeit statt nur ein Traum werden mögen.

3. Nachdem Sie all das getan haben, geben Sie einander die Listen mit den vier Dingen, die Sie besonders am andern Partner schätzen. Behalten Sie sie, und überprüfen Sie sie mehrere Male an jenem Abend und in der folgenden Woche.

Wenn Sie so etwas schon lange Zeit nicht mehr gemacht haben (manche von Ihnen werden es wahrscheinlich noch nie getan haben), wird es vielleicht etwas peinlich sein. Aber wenn man erst einmal angefangen hat, aufrichtig miteinander zu sein, echt miteinander zu kommunizieren, dann wird man dafür keinen Ersatz mehr akzeptieren."

## Der Zeitpunkt des Gesprächs

*„Jedes Ding hat seine Zeit!"* So steht's im Buch der Prediger. Auch das Gespräch, um Eheprobleme zu lösen. Es ist nicht die rechte Zeit dafür, wenn der Ehegatte gerade abgekämpft von einer Dienstreise zurückkehrt, oder die Gattin vor einem Berg Bügelwäsche steht, das Dampfbügeleisen in der Hand. Entwickeln Sie auch hier Empfinden. Es kann besser sein, ein Gespräch zu verschieben. Hüten Sie sich aber davor, es stets vor sich herzuschieben. Planen Sie mit beiderseitigem Einverständnis ein Gespräch ein. Dann können Sie sich innerlich auch darauf vorbereiten, eine positive Haltung einnehmen und dafür beten.

## Die Art des Gesprächs

*„Eine linde Antwort stillt den Zorn"*
*(Sprüche 15,1)*

Bestimmt hat jeder schon eine Situation erlebt, in der ein Wort das andere herausforderte, und schon entbrannte ein Streitgespräch. Dabei muss man sich bewusst werden, dass zornige, im Streit unüberlegt ausgesprochene Worte wie giftige Pfeile sind, die ich auf meinen Partner abfeuere.

Es ist daher wichtig, dass wir bei der Sache bleiben und uns nicht gegen die Person wenden. Wer im Zorn sagt: „Du bist einfach widerlich", der fügt seinem Partner tödliche Wunden zu. Wunden, die nur sehr schwer wieder heilen können.

Gespräche rund um Eheprobleme zu führen erfordert großes Taktgefühl. Geben Sie Ihrem Partner zu verstehen, dass Sie seine Gefühle respektieren und dass Sie alles tun, um Ihre eigenen negativen Empfindungen im Zaum zu halten. Sie wollen ja Ihren Partner nicht unnötig mit giftigen Pfeilen beschießen.

## Der Ort des Gesprächs

Eheprobleme sollen Sie unter vier Augen lösen! Nicht in der Öffentlichkeit oder vor den Kindern! In der Öffentlichkeit lassen sich keine Probleme lösen, hier werden nur neue entfacht, hier kann man nur verletzen, streiten, unfaire Waffen gebrauchen.

Ich werde innerlich immer sehr verlegen, wenn beispielsweise ein Mann unter Beisein von Dritten seiner Frau gegenüber sarkastisch wird. Dieser öffentliche, beißende Sarkasmus ist nichts Anderes als eine gemeine Waffe, seine Frau tief zu verletzen. Es ist die Sünde der Bosheit in Reinkultur!

Doch auch Spott und Hohn bewirken dasselbe. Obwohl die Motive eines Mannes, der sich im größeren Kreis über seine Frau lustig macht, nicht Bosheit sein müssen, so verletzt er doch die Partnerin tief. Der Spötter will sich auf Kosten des Anderen in den Vordergrund stellen. Er will zeigen, wie hoch er über solchen Dingen, die er mit seinem Spott überhäuft, steht, wie erhaben und „groß" er ist. Dass die spottende Überheblichkeit aber das Zeichen eines schwachen, stolzen, unsicheren und lieblosen Innern ist, dürfte klar sein.

Führen Sie Ihr Gespräch in einer Atmosphäre der Ruhe. Sorgen Sie dafür, dass Sie nicht gestört werden können. Die Kinder sollten bereits im Bett sein, das Telefon soll außer Betrieb gesetzt werden genauso wie die Hausglokke. Um ein gestrandetes Eheboot wieder flott zu machen, kann es eine große Hilfe sein, wenn man sich Urlaub nimmt, wegfährt und in der Urlaubsruhe (nicht Urlaubsaktivität) das eheliche Gespräch wieder zu pflegen beginnt. Sie dürfen dabei nicht auf die körperliche Gemeinschaft ausweichen, die das fehlende seelische Miteinander ersetzen soll. Die erfüllte geschlechtliche Gemeinschaft soll sich aus dem Sich-wieder-Verstehen, aus dem Gespräch, aus der seelischen Gemeinschaft heraus entwickeln.

Vielleicht beginnen Sie in einer anderen Umgebung viel leichter mit taktvollen Gesprächen. Seien Sie dabei zuerst zurückhaltend, aber positiv, wie wenn Sie sich gerade kennenlernen würden. Langsam, feinfühlig, mit dem Bestreben, den Andern zu verstehen, kommen Sie sich dann in Ihrer Gemeinschaft immer näher.

Diese neue, liebevolle Annäherung kann Ihnen einen frischen Blick auf das Wesentliche geben, kann Ihnen klar zeigen, „wo der Hase im Pfeffer liegt". In diese „neuen Flitterwochen" gehen Sie nämlich mit der Erfahrung, dass eine Ehe nicht einfach so läuft.... dass Sex keine Probleme löst und Verliebtheitsgefühle nicht andauern. Somit können Sie in einer solchen Zeit neu „Liebe lernen".

## Gespräch und Vergebung

*„Und das Blut Jesu Christi, seines Sohnes,*
*reinigt uns von aller Sünde."*
*1. Johannesbrief 1,7*

Die Folge eines tiefen, ehrlich geführten, positiv verlaufenen Gesprächs kann manchmal auch unweigerlich die Erkenntnis der eigenen Schuld, des persönlichen Versagens sein. Und diese Schuld darf man nicht verdrängen, sondern muss sie ehrlich beim Namen nennen, bekennen: *„Wenn wir aber unsere Sünden bekennen, so ist Er treu und gerecht, dass er uns die Sünden vergibt und uns reinigt von aller Ungerechtigkeit"* (1. Joh. 1, 9).

Wenn wir an unserem Ehegefährten schuldig geworden sind, dann ist dies in erster Linie auch Schuld gegenüber Gott. Wir sind an dem schuldig geworden, dessen Eigentum mein Ehepartner ist! Wir sind am Schöpfer der Ehe schuldig geworden, weil wir seine Erfindung missbraucht haben, weil wir das Ziel der Ehe, nämlich Abglanz der Liebe Christi zu seiner Gemeinde zu sein, aus egoistischen oder sonstigen menschlichen Gründen verdreht und ins Gegenteil verkehrt haben.

Daher sollen wir Gott unsere Schuld bekennen und von ihm die Vergebung in Anspruch nehmen.

Dabei geht es nicht an, dass wir einfach pauschal sagen: „Gott, vergib mir all mein Versagen." Bekennen heißt, unser Versagen „beim Namen nennen", exakt, schonungslos offen und ehrlich.

Genauso konkret soll auch die Bitte um Änderungen sein. Wir bitten Gott, dass er Einsicht gibt, dass er in unser persönliches Leben, in unser Verhalten eingreift und wir unseren Ehegefährten wieder lieben lernen.

Dieses Prinzip der Vergebung ist in einer Ehe sehr wichtig und muss angewendet werden. Meinem Partner echt vergeben kann ich – wie bereits erwähnt – dabei nur, wenn ich selbst Vergebung von Gott erlangt habe. Wenn ich mich über die Vergebung Gottes freuen kann, vermag ich diese Vergebung auch an andere Menschen weiterzugeben, kann ich auch Vergebung austeilen.

„Bitte vergib mir", ist eines der wichtigsten Worte in einer Beziehung. Allzu oft meinen wir, über unser Fehlverhalten wachse Gras, es gehe vergessen. Doch das Unbehagen und die unbereinigte Schuld wird bleiben!

Überlegen Sie sich doch einmal, wann Sie das letzte Mal gesagt haben: „Bitte, Liebling, vergib mir." Kommt diese Bitte selten über Ihre Lippen? Dann hängt dies mit Sicherheit nicht damit zusammen, dass Sie ein vollkommener Mensch sind, sondern es hängt damit zusammen, dass Sie „Tomaten auf Ihren Augen" haben, blind sind und nicht „im Lichte wandeln". *„Wenn wir sagen, wir haben keine Sünde, so verführen wir uns selbst, und die Wahrheit ist nicht in uns"* (1. Joh. 1, 8). Sie dürfen die kleinen Stacheln (die meist größer sind, als wir vermuten) Ihres Fehlverhaltens nicht übersehen!

Da ärgert sich die Frau, weil sich der Mann mal wieder verspätet hat, und er reagiert mit einer bissigen Bemerkung (statt einer linden Antwort) auf ihre Vorwürfe. Sie lacht ihn wegen irgendeiner Sache aus, was ihn tief verletzt und ihn dazu verleitet, ihr ein Kompliment (oder einen Blumenstrauß) vorzuenthalten. Gibt es nicht sehr viele Kleinigkeiten im Ehealltag, bei denen wir schuldig werden, bei denen wir nicht nach dem Maßstab Gottes handeln?

Sehen Sie, deshalb ist es so wichtig, dass wir einander um Vergebung bitten. Der Mensch zeichnet sich in gewisser Weise auch dadurch aus, dass er schuldig werden kann; es ist eine Folge der Freiheit – ein Tier kann nicht schuldig werden, weil ihm der freie Wille fehlt.

### Was sollten Sie beim Vergeben beachten?

Vergebung heißt „Nicht-mehr-Antasten". Vergeben heißt ausradieren, vergessen. Daher bedeutet Vergebung Verschwiegenheit, nicht nur anderen Personen gegenüber, sondern auch dem Schuldiggewordenen gegenüber. (Es ist in diesem Zusammenhang interessant, dass das Reden über das Schuldigwerden eines andern meist einen ganz banalen Racheakt darstellt!) Praktisch heißt das, dass ich das Fehlverhalten meines Partners in keiner Situation mehr erwähne. Es ist schließlich vergeben und damit unantastbar.

Wer seinem Partner bei irgendeiner Gelegenheit Schuld vorhält oder auch nur heimlich den Blick darauf lenkt, der lebt in einer Haltung der Unversöhnlichkeit, und dies bezeichnet Gott als folgenschwere Sünde.

Wenn Sie vergeben, sollen Sie auch wissen, was Sie vergeben. Es ist furchtbar schmerzlich, wenn ein Partner plötzlich erfährt, dass das „ja, ich vergebe dir" eine bloße Redewendung war, die gar kein konkretes Fehlverhalten im Auge hatte. Es bedarf hier einer großen Portion an Ehrlichkeit. Wenn nach einem ehelichen, klärenden Gespräch der eine Partner Erleichterung darüber empfindet, dass der andere mehr Schuld bei sich sieht, dann hat dies mit echter Einsicht und Vergebung nichts zu tun.

Vergebung und Versöhnung darf man auch keineswegs als Leistung, als Verdienst ansehen. Es ist kein Werk, worauf man stolz sein kann, denn nur aufgrund der Vergebung, die ich selbst von Gott her erfahren habe, kann ich Vergebung an meinen Partner austeilen. Und nur aus diesem Grund kann ich auch meinen Partner um Vergebung bitten. Es gibt hier eine falsche Demut, ein unaufrichtiges „Bitte, vergib mir", wo dieses nämlich nur darauf abzielt, eine „Märtyrerrolle" aufzubauen, auf die man letztlich stolz ist!

Bedenken Sie auch, dass bei aller Versöhnung und Vergebung stets ein Rest unerkannter Schuld übrigbleibt. Nur Gott kann bis in die Tiefen unseres Herzens sehen. Vieles erkennen wir gar nicht als Schuld, was in Wahrheit aber Schuld und Sünde ist. Wenn wir das bereinigen, worüber uns Gott Licht und Einsicht schenkt, dann dürfen wir ihm auch all das uns noch Unbewusste, Unbekannte hinlegen. Und Gott gibt uns diesen Freiraum, um in der „Sündenerkenntnis" zu wachsen.

„Je näher und länger ich mit Gott lebe," sagte einmal ein Gottesmann, „desto tieferen Einblick gewinne ich von meiner eigenen Sündhaftigkeit." Das ist logisch. Je intensiver ich mich einem strahlenden Licht aussetze, desto klarer treten auch die verstecktesten Schmutzflecken zutage.

Gewähren Sie also Ihrem Partner einen Freiraum, um in der „Sündenerkenntnis" zu wachsen. Vergeben Sie auch die Dinge, die Ihr Partner noch nicht als Schuld erkannt hat. Leben Sie im Bewusstsein, dass auch Sie in vielen

Situationen an Ihrem Partner schuldig werden, ohne dies klar zu erkennen. Eine Vergebung, die umfassend, die total ist, soll daher das Ziel eines jeden Ehepartners sein.

# Fehlbefriedigung und Zwangsbeglückung

Nachdem wir nun verschiedenste Aspekte wahrer Bedürfnisse eines Menschen miteinander bewegt haben, sollte unser Leitmotiv *„Lieben heisst, die wahren Bedürfnisse eines Andern zu erforschen und zu stillen suchen"* etwas praktischer geworden sein.

Umgekehrt bedeutet dies aber auch: wer versucht, einem Andern Bedürfnisse zu stillen, die er gar nicht hat, der handelt absolut lieblos (und wenn er es auch noch so gut meint!)

Kommen nicht viele Beziehungskonflikte daher, dass ich meinem Partner Bedürfnisse zu stillen gesucht habe, die er gar nicht hatte? Ich war dann enttäuscht von der „undankbaren Reaktion" des andern. Dabei hatte er lediglich abwehrend auf eine (gutgemeinte) Zwangsbeglückung reagiert!

Wahres Lieben und „zwangsbeglücken" passen nicht zusammen. Wenn ich meiner Frau sagen würde: „Liebling, ich habe für uns zwei Karten gekauft – zu einer Boxveranstaltung..." dann wäre dies eine völlige Zwangsbeglückung meiner Frau gegenüber (egal wie meine Motive gestaltet waren!), denn sie würde nie freiwillig und überhaupt nicht gerne zu solch einer Veranstaltung gehen.

Gerade Kinder wissen oft selbst nicht um ihre wahren Bedürfnisse, sondern sehnen sich nach der Erfüllung oberflächlicher Wünsche. Oder meint jemand, jener Vater, der sich jeden Abend „Zeit für seinen Sohn nimmt" und mit ihm zusammen das Fernsehprogramm anschaut, bis das Kind zu Bett geht, hätte die wahren Bedürfnisse seines Sohnes erfüllt?!

Ein Humorist karikierte dieses Verhalten, indem er erzählte: „Bei einem typisch fernsehschauenden Ehemann ging eines Abends plötzlich das Fernsehgerät kaputt. Daraufhin schaltete er das Licht an, sah seinen Sohn an und sagte: „Wow! Junge, bist du aber gewachsen!"...

Wenn wir echt lieben möchten, müssen wir die wahren Bedürfnisse des andern treffen. Und wenn wir diese nicht genau kennen, müssen wir sie erforschen.

Dies gilt genauso für die „Liebe zu Gott". Was unternehmen „religiöse Menschen" nicht alles, um „Gott zu lieben". Doch sollten wir auch in dieser Beziehung darauf achten, dass wir keine „Zwangsbeglückungen" starten. Sind wir sicher, dass wir Gottes wirkliche Bedürfnisse, die Er uns gegenüber hat, befriedigen?

Im Alten Testament lesen wir des öfteren, dass Gott zu seinem Volk sagt: ich kann eure Gebete und das Geplärr eurer Lieder nicht mehr hören... Warum? Es waren Fehlbefriedigungen für ihn. Und einmal klärte er eine Sache (als Saul ihm ein besonderes, religiöses Opfer bringen wollte) ganz konkret: „Gehorsam möchte ich, nicht Opfer!" (1. Samuel 15,22)

Auch Glaubensfreunden Ihrer Kirchengemeinde gegenüber: lieben heisst auch hier, die wahren Bedürfnisse zu stillen, nicht fehlgeleitete Wünsche. Der eine braucht vielleicht ein aufrichtiges Gespräch, der andere Fürbitte und wieder ein anderer eine praktische Hilfe. Auch hier können „Zwangsbeglückungen" Gemeinschaft und Beziehung stören oder sogar zerstören.

Wer zwangsbeglückt wird, reagiert entweder ablehnend oder er zieht sich von einem zurück. Am besten wäre es, solche Fehlbefriedigungen aber ehrlich zu nennen, aufzudecken und darüber zu reden. Denn der andere meint es mit seiner Aktion ja meist „gut" und ist vielleicht dankbar für eine Korrektur.

Gerade wenn man sich noch mit dem Gebot der Feindesliebe auseinandersetzt, wird das Wesen von praktischem Lieben sehr deutlich. Meinen Feind zu lieben, wie uns Jesus dazu auffordert, wird wohl nie über ein positives Gefühl geschehen. Wer hegt schon Sympathiegefühle seinem Feind gegenüber?! Da wären wir doch alle völlig damit überfordert! Das Beste für meinen Feind zu suchen, seine wahren Bedürfnisse zu stillen suchen – das kann ich auch ohne „Liebesgefühl". Und das Beste für meinen Feind kann individuell ganz verschieden sein. Dem Einen müssen vielleicht zuerst einmal Grenzen gesetzt werden, für den Anderen ist es besser, wenn er Vergebung und Segnung erlebt, der Dritte braucht einen gesunden Widerstand und der Vierte eine helfende, ermutigende, versöhnliche Hand.

Beim praktischen Lieben in zwischenmenschlichen Beziehungen kann man also nicht jede Situation über einen
Kamm scheren. Deshalb ist und bleibt das Erforschen der
wahren Bedürfnisse, das Suchen nach dem Besten für den
anderen oberste Priorität.

# Der rechte Mittelpunkt

*„Jesus, die Sonne, das strahlende Licht!*
*Jesus, die Freude, die Mauern durchbricht!*
*Die auf ihn schauen, werden sein wie die Sonne,*
*wie sie aufgeht in ihrer Pracht."*

So lautet der Refrain eines bekannten christlichen Lie-
des. Jesus, die Sonne – dieses Bild ist für die christliche
Ehe äußerst wichtig. Ein Sonnensystem hat nur dann
Bestand, wenn die Planeten um ihre Sonne kreisen, wenn
die Sonne im Mittelpunkt steht. Wollte man einen anderen Planeten (z.B. die Erde) zum Mittelpunkt des Son-
nensystems machen und die anderen Planeten dazu zwin-
gen, um die Erde zu kreisen, wäre dies katastrophal. Das
ganze Sonnensystem würde zusammenbrechen.

Ähnlich ist es auch in einer Ehe. Die Sonne, um die es zu
kreisen gilt, muss Jesus Christus sein. Jeder Planet, den
man an die Stelle der Sonne setzen will, zieht unweigerlich Katastrophen nach sich. Wenn die Ehe vor allem um
die attraktive Frau oder den Mann oder die Kinder (oder
den Fernseher, den Urlaub o.ä.) kreist, dann bricht das
ganze Sonnensystem bzw. Ehe-System zusammen. Die

Frau oder der Mann oder die Kinder werden zu Götzen. Und ein Götze ist grundsätzlich überfordert! Er kann nie bringen, was man von ihm erwartet...

Die erfüllte christliche Ehe kreist also um die Sonne Jesus Christus. Eine praktische Folge davon ist das gemeinsame Gebet (wo man den Willen Gottes sucht, die Gesinnung Jesu besser kennenlernt, sich von Gott ansprechen lässt) und die Gemeinschaft mit anderen Christen (wo man gemeinsam anderen dient, gastfrei ist, sich gemeinsam korrigieren lässt und gemeinsam auch mehr lieben lernt).

Wo diese Praktiken in der Ehe nicht gelebt werden, wird schwerlich Jesus der Mittelpunkt, die Sonne sein können. Stürzen Sie also zuerst die Götzen von ihrem Platz und kreisen Sie um die wahre Sonne Ihrer Ehe: Jesus Christus!

Vielleicht erkennen Sie, liebe Leser, die Notwendigkeit des echten Liebens. Sie versuchen, diese Haltung einzunehmen und entsprechend zu handeln. Doch dann merken Sie plötzlich: Der Geist ist zwar willig.... aber es klappt nicht. Bei dem Versuch, echt zu lieben, wird man schwach und immer schwächer, müde und immer müder. Die eigene Kraftquelle ist sehr schnell erschöpft, und man fühlt sich buchstäblich ausgetrocknet.

Diese Erkenntnis ist notwendig, denn wir brauchen, um wirklich lieben zu können, eine andere Kraftquelle, eine Quelle echter Liebe, die über unser kleines Rinnsal hinausreicht. Diese Quelle findet man in Jesus Christus.

Wenn wir Lieben lernen möchten, benötigen wir selbst eine Quelle der Liebe, denn aus uns selbst allein kann sie nicht kommen. Gott, so sagt die Heilige Schrift, ist Liebe. Wer durch das Vertrauen auf Jesus Christus mit dieser Liebe in Verbindung gebracht wurde, braucht sich nicht mehr auf seine eigenen Kraftanstrengungen zu verlassen; er kann aus dem unbegrenzten Reservoir der Liebe Gottes schöpfen.

*„Also hat Gott die Welt geliebt, dass er seinen eingeborenen Sohn gab, auf dass alle, die an ihn glauben, nicht verloren gehen, sondern ewiges Leben haben" (Joh. 3,16)*

Jesus Christus liebt den Menschen so sehr, dass er sein Leben – auch für Sie ganz persönlich – gab. Stellen Sie sich diese gewaltige Tatsache einmal vor! Der allmächtige Gott hat Sie lieb! Er beweist dies durch eine klare Handlung: Jesus Christus nimmt die Strafe, die Sie und ich verdient hätten, auf sich, damit wir begnadigt werden können. So wertvoll ist jeder Mensch in Gottes Augen!

Ein Mensch, der auf diese Liebe Gottes persönlich eingegangen ist, weiß sich grundsätzlich geliebt, weiß sich in seinem tiefsten Menschsein angenommen und kann deshalb diese Liebe Christi (nicht ein Gefühl!) weitergeben – vor allem an seinen Ehepartner!

| Was könnte ich in der nächsten Zeit tun, um meinen Partner zu erfreuen, zu fördern, zu ermutigen oder in der Jesus-Nachfolge zu motivieren: | Was würde mich selbst motivieren, erfreuen oder ermutigen: |
|---|---|
| 1 | |
| 2 | |
| 3 | |
| 4 | |
| 5 | |
| 6 | |
| 7 | |
| **Erkenntnisse / Bemerkungen nach dem gemeinsamen Austausch:** | |
| | |
| | |

# Die Bedürfnis-
# Erforschungsliste

Als Beispiel einer praktischen Möglichkeit, um besser die „wahren Bedürfnisse des Andern erforschen zu können". bietet sich folgende „Bedürfnis-Erforschungsliste" an.

Jeder Ehepartner macht sich selbst darüber Gedanken und füllt eine solche Liste aus. Vermutlich werden Sie merken, dass es gar nicht so einfach ist, beispielsweise in jeder Spalte 10 Punkte zu finden. Auch Punkte für die Spalte der eigenen Bedürfnisse und Ermutigungsunternehmungen lassen sich meist nur zögernd finden – ein Hinweis darauf, wie wir uns selbst zum Teil nur oberflächlich kennen.

Dann werden die Listen ausgetauscht und im gemeinsamen Gespräch Punkt für Punkt durchgesprochen. Dabei ist es vor allem wichtig, Informationen zu sammeln, verstehen zu lernen, Detailliertes in Erfahrung zu bringen, um dieses Wissen dann selbst zielgerichtet und liebend zu benutzen – nicht darüber zu diskutieren, inwieweit die Wünsche des Andern berechtigt sind oder nicht!

Eine ganz andere Liste kann ebenfalls sehr fruchtbringend sein: man schreibt sich auf ein Blatt alle Situationen auf, die einem zur Frage einfallen: „Was habe ich in unserer Partnerschaft bereits Schönes erlebt". Erwarten Sie nicht, dass Ihnen gleich spontan seitenweise Dinge einfallen, die Sie notieren können. Doch nehmen Sie sich Zeit und denken Sie darüber nach. Der nachfolgende Austausch darüber kann der Anfang eines sehr erfreulichen Gesprächs sein...

Und wenn Sie es zeitlich nie schaffen, zu solch „praktischen Übungen" zu kommen, dann planen Sie bitte definitiv und unumstößlich für jede Woche einen sogenannten „Eheabend" ein. Meine Frau und ich praktizieren dies regelmäßig mit großer Freude. Für die Gestaltung des Abends trägt in der einen Woche meine Frau die Verantwortung, in der darauffolgenden Woche überlege ich mir, was wir an unserem Eheabend miteinander unternehmen. Solch eine *gute Gewohnheit* kann ich jedem Ehepaar nur empfehlen!

# Achtung Baustelle!

Wenn Sie als Single dieses Beziehungs-Buch durch-
studiert haben, könnten Sie vielleicht entmutigt werden
und denken „ach, solches wahre Lieben zu lernen, das
schaff ich nie!" Auf denselben Gedanken können Sie auch
als Ehemann oder Ehefrau kommen – und darüber hinaus noch frustriert den Ist-Zustand Ihrer eigenen Ehe betrachten. „Ja, schön wär´s, wenn mein Partner... aber...!"

Bitte machen Sie sich bewusst, dass die vorliegenden Ausführungen eine Richtung angeben, auf ein Ziel hinweisen,
auf das *zugegangen* werden sollte. Seien Sie nicht enttäuscht, verbittert oder mutlos darüber, dass Sie von diesem Ziel noch so weit weg sind. Hier auf Erden werden
wir das vollkommene Lieben nie in Perfektion erreichen.
Aber wir dürfen uns auf den Weg machen, dürfen unterwegs sein auf dem „Höhenweg der Liebe" – mit all unseren Begrenzungen, Schwächen und Unzulänglichkeiten;
mit all unserem Versagen, unserem Auf und Ab von Gefühlen und Vorsätzen, von Engagement und Mutlosigkeit.

Sie selbst dürfen *„Baustelle"* sein, auf der es noch viel
aufzubauen und zu verändern gibt. Da liegt noch viel

Arbeit vor Ihnen angesichts dieser Hügel voller Schutt, dieser Stapel von rohen Bausteinen oder all dieser noch nicht richtig eingefügten Bauteile. Doch nur wenn man mit dem Bauen beginnt, entsteht langsam aber sicher ein wohnliches Heim!

Und wenn Sie merken, Ihr Partner (Ihre Freundin, Ihr Freund oder sonst ein Ihnen nahestehender Mensch) ärgert sich über eine Ihrer Schwächen oder Fehler, dann malen Sie sich doch einfach einmal solch ein Verkehrszeichen auf ein Blatt: „Achtung Baustelle!" und hängen sich das Blatt um den Hals und bitten Ihren Partner um Geduld mit Ihnen, denn „Vorsicht!" Sie sind noch „eine Baustelle!"

Gestehen Sie aber auch Ihrem Partner (oder ihren Mitchristen und Freunden in Ihrer Nähe) zu: Du darfst *Baustelle* sein! Ich erwarte keinen perfekten „Fertigbau" innerhalb der nächsten Wochen und Monate.

Wir wollen zusammen *Baustelle* sein, miteinander vorwärtsgehen, voneinander lernen, uns zusammen von Gott korrigieren, trainieren und leiten lassen. Dazu wünsche ich Ihnen von ganzem Herzen *liebende Geduld* und eine *wachsende frohe Zuversicht.*

*Liebe ist geduldig und freundlich.*
*Sie kennt keinen Neid, keine Selbstsucht,*
*sie prahlt nicht und ist nicht überheblich.*
*Liebe ist weder verletzend noch auf sich selbst*
*bedacht, weder reizbar noch nachtragend.*
*Sie freut sich nicht am Unrecht, sondern freut*
*sich, wenn die Wahrheit siegt.*
*Diese Liebe erträgt alles, sie glaubt alles,*
*sie hofft alles und hält allem stand.*

*1. Kor. 13, 4–7*

## Der Autor

Walter Nitsche, Jahrgang 1952, ist seit 1976 mit seiner Frau Iris verheiratet. Sie haben große Freude an vier Kindern, sind bereits „Großeltern" und standen jahrelang in einer Gemeindeaufbau-, Seelsorge- und Eheberatungsarbeit. Drei Jahre wohnten sie dabei in Österreich und rund zwanzig Jahre lang in der Schweiz. Seit 1998 leben sie wieder in Baden-Württemberg, wo sie u.a. den Christlichen Partnerschafts-Dienst (cpd) leiten.

Walter Nitsche schrieb bisher elf Bücher zu lebensberatenden Themen, von denen etliche in verschiedene Sprachen übersetzt wurden. Die Auflagen seines umfangreichsten Werkes „Handbuch für Eheleute" (inzwischen vergriffen) ging in die Zehntausende. Zahlreiche Eheseminare oder Vorträge führten ihn über die deutschsprachigen Ländern hinaus. Als Gast bei verschiedenen Radio- und Fernsehsendungen konnte er einer größeren Zuschauer- bzw. Hörerschaft die hilfreichen Prinzipien aus der Heiligen Schrift in praktischer, aktueller Weise nahebringen. Heute dient er vor allem mit Vorträgen oder Seminaren in Kirchen, Gemeinden und Jugendgruppen.

# Weitere Bücher von Walter Nitsche

„Bei Gott zu Hause sein"
Wie ich wachsende Geborgenheit und
innere Ruhe erleben kann

Walter Nitsche
Pb. 144 Seiten, Bestell-Nr. 648 307

8,90 Euro/ CHF 17,90

Nach Vorträgen im In- und Ausland kamen Zuhörer auf mich zu und sprachen dasselbe Problem an: die fehlende tiefe Ruhe und Geborgenheit, nach der sie sich so sehr sehnten.

Der Weg zur inneren Ruhe und wachsender Geborgenheit soll im vorliegenden Buch in umfassender Weise, Schritt für Schritt, aufgezeigt werden.

Wichtig ist jedenfalls, dass wir diese „Leiter der Entwicklung zur lebenswichtigen Ruhe und Geborgenheit" zusammen Sprosse um Sprosse erklimmen – fehlende oder brüchige Sprossen führen zum Absturz.
Diese „Löcher" in der Leiter gilt es zu entdecken und zu ersetzen, damit ein fortlaufendes Emporsteigen gewährleistet ist.


Sie sind herzlich eingeladen...
　　　...zu einem Ehe-Seminar mit Walter Nitsche!

**Aktuelle Termine unter: www.cpdienst.de**

oder fordern Sie die aktuellen Termine an bei:
**Deutschland:** cpd-Seminare, Glockwiesenstr. 5, D-75217 Birkenfeld
Tel. 07231 / 47 21 64 (Fax -63)
**Schweiz:** cpd-Seminare, Sophie-Guyer-Str. 5, CH-8330 Pfäffikon ZH
Tel. 01 / 951 23 57 (Fax -56)
**Österreich:** cpd-Seminare, Kehlegg 145, A-6850 Dornbirn
Tel. 05572 / 37 28 30 (Fax -31)
eMail: seminare@cpdienst.de

**Nicht ohne Gottes Führung**
Wie finde ich den richtigen Partner?
Walter Nitsche (Hrsg.)

Pb, 168 Seiten,
4,90 Euro/ CHF 9,90
Bestell-Nr. 648 304

Das Buch ist hilfreich zur Vorbereitung auf eine der wichtigsten Entscheidungen im Leben: die Partnerwahl.
Acht verschiedene Autoren gehen in diesem Ratgeber auf Fragen ein, wie z.B.
-Wer passt zu wem?,
-Wie kann ich wissen, ob es wirkliche Liebe ist?,
-Möglichkeiten und Chancen bei der Partnersuche,
-Wie kann ich Gottes Führung bei der Partnersuche erleben?
-Welche biblischen, psychologischen und praktischen Hilfen gibt es dabei? usw.

Die Bücher erhalten Sie in Ihrer
christlichen Buchhandlung
oder direkt beim Verlag edition φ philemon